Tobi-Fibel

Arbeitsheft
zum Leselehrgang

von Wilfried Metze

mit Illustrationen von Burkhard Kracke

unter Mitarbeit
von
Karin Bednarz
Mechthild Dopatka
Klaus Feine-Koch
Sabine Zoder

Cornelsen

Tobi-Fibel

Arbeitsheft
zum Leselehrgang

von Wilfried Metze

Redaktion: Nicole Namour
Grafik: Burkhard Kracke
Layout und technische Umsetzung: Matthias Fuchs

Beilagen: 3 Ausschneidebogen
1 Klebebildbogen

⬭ Differenzierungsaufgaben

▭ Klebebilder

Fußnoten: E Einzelarbeit
P Partnerarbeit
G Gruppenarbeit
DIFF Differenzierungsaufgabe

1. Auflage 1992
Alle Drucke dieser Auflage können, weil untereinander unverändert, im Unterricht nebeneinander verwendet werden.
© 1992 Cornelsen Verlag, Berlin
Das Werk und seine Teile sind urheberrechtlich geschützt. Jede Verwertung in anderen als den gesetzlich zugelassenen Fällen bedarf deshalb der vorherigen schriftlichen Einwilligung des Verlages.

Druck: Druckhaus Langenscheidt, Berlin
ISBN 3-464-07442-0
Vertrieb: Cornelsen Verlagsgesellschaft, Bielefeld
Bestellnummer: 74420

Gedruckt auf Recyclingpapier, hergestellt aus 100% Altpapier

FS 2-5 – Buchstabenkärtchen von Zusatzblatt 1 ausschneiden – Namen legen – Namen kleben – E/P

4 FS 2-5 – *oben:* Buchstabenkärtchen ausschneiden – Namen legen – Buchstaben zu den dargestellten Lauten kleben – *unten:* l-Laut heraushören und Wörter markieren – E/P

E e

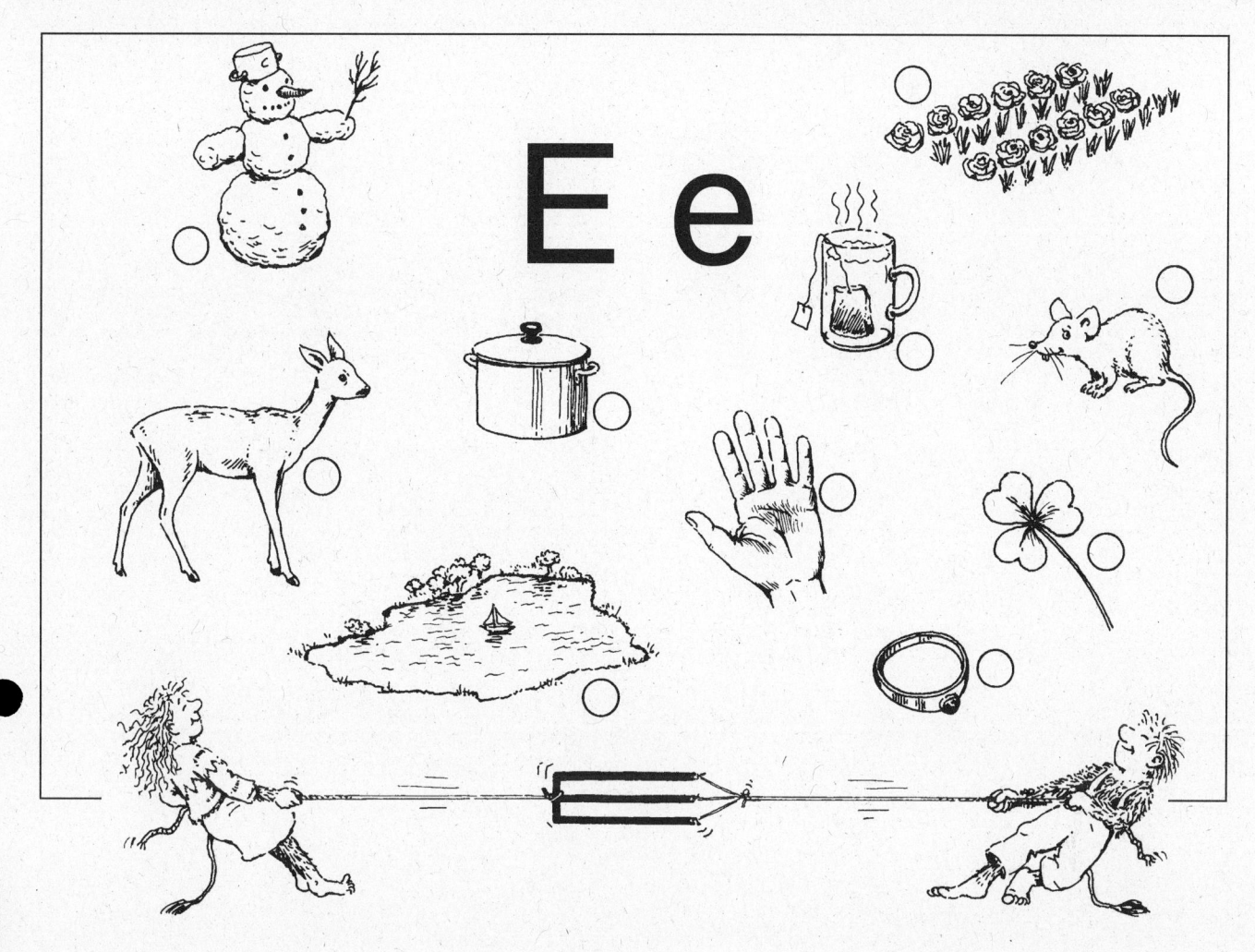

E e

FS 2-5 – e-Laut heraushören und Wörter markieren – E/P

A a

A
Al
Alo
Al
A

8   FS 2-5 – *oben:* a-Laut heraushören und Wörter markieren – *unten links:* Reimpaare mit Linien verbinden – *unten rechts:* Lesen: Auf- und Abbauen – E/P

A a

Lale
Leo
Lea
Lola
Ela

FS 2-5 – *oben:* a-Laut heraushören und Wörter markieren – *unten links:* Reimpaare mit Linien verbinden – *unten rechts:* Lesen – E/P

 O p a

 O m a

 M o m o

 M a m a

M m

 aPAloEmLoe

 eLOmaApOm

 OmEaLeoale

 eLoOpaMpea

P p

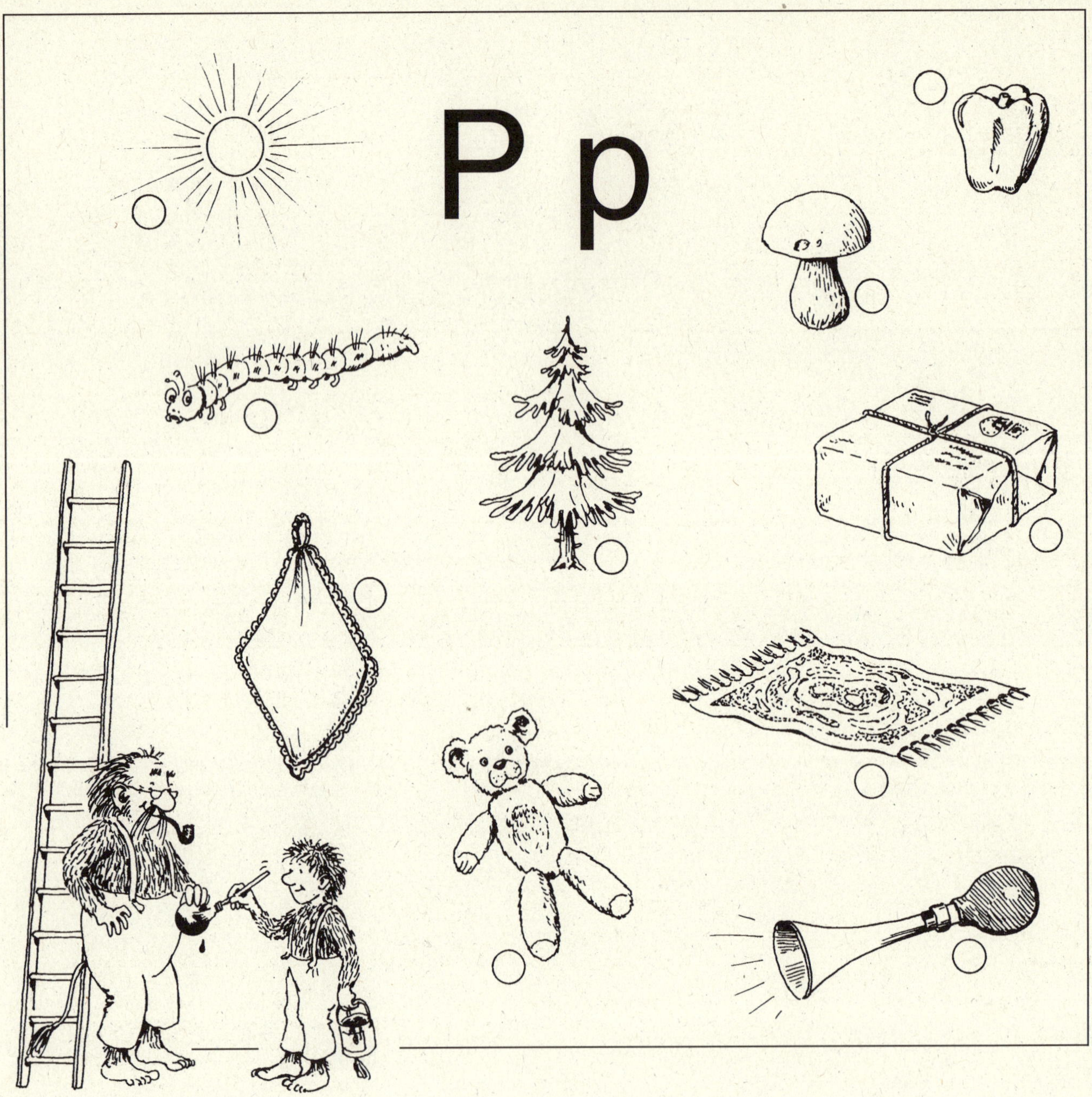

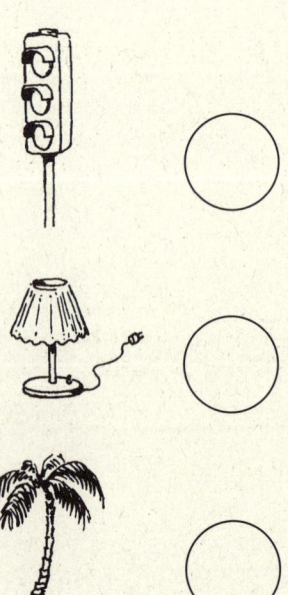

P	A	L
Pa	Am	La
Pal	Amp	Lam
Palm	Ampe	Lamp
Palme	Ampel	Lampe
①	②	③

	a		m	

		m		e

A			e	

mal

Lale

am

P
Pa
Pap
Papa
Pap
Pa
P

FS 6-9 – *oben:* Buchstabenkärtchen von Zusatzblatt 2 ausschneiden – Wörter nach Diktat legen – Wörter zu den Bildern legen – fehlende Buchstaben einkleben – *unten links:* Reimpaare mit Linie verbinden – *unten rechts:* Lesen: Auf- und Abbauen

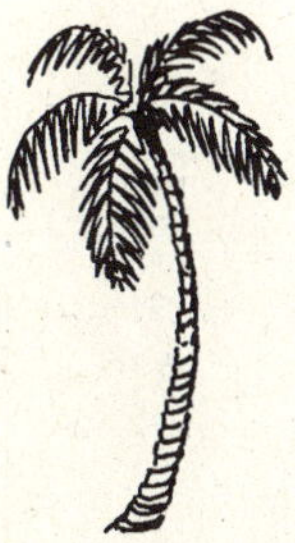

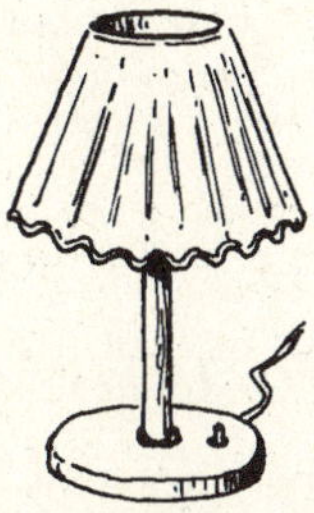

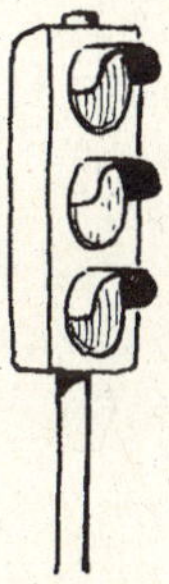

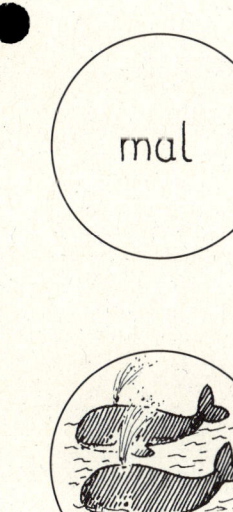

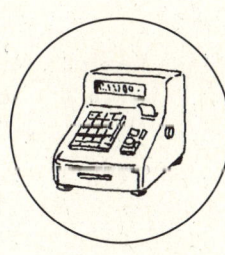

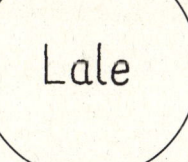

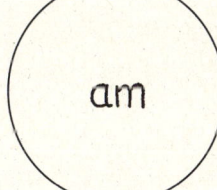

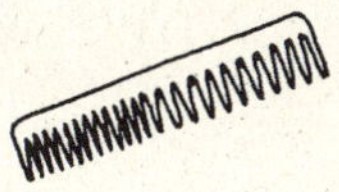

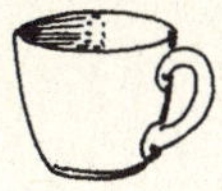

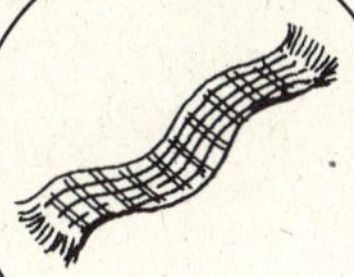

Namen

 FS 10 – *oben:* n-Laut heraushören und Wörter markieren – *unten:* Namen frei schreiben (von Mitschülern sammeln) – E/P

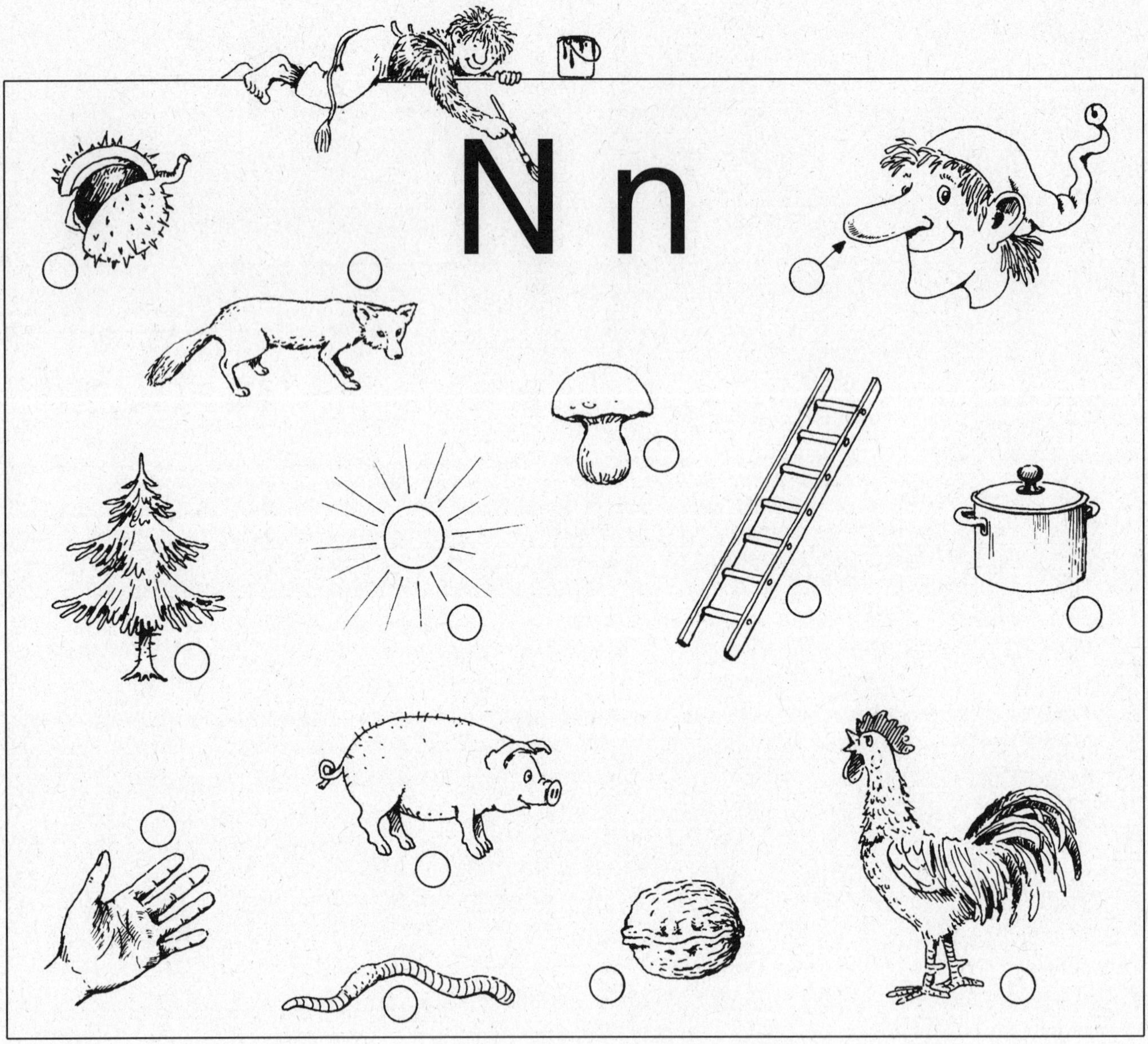

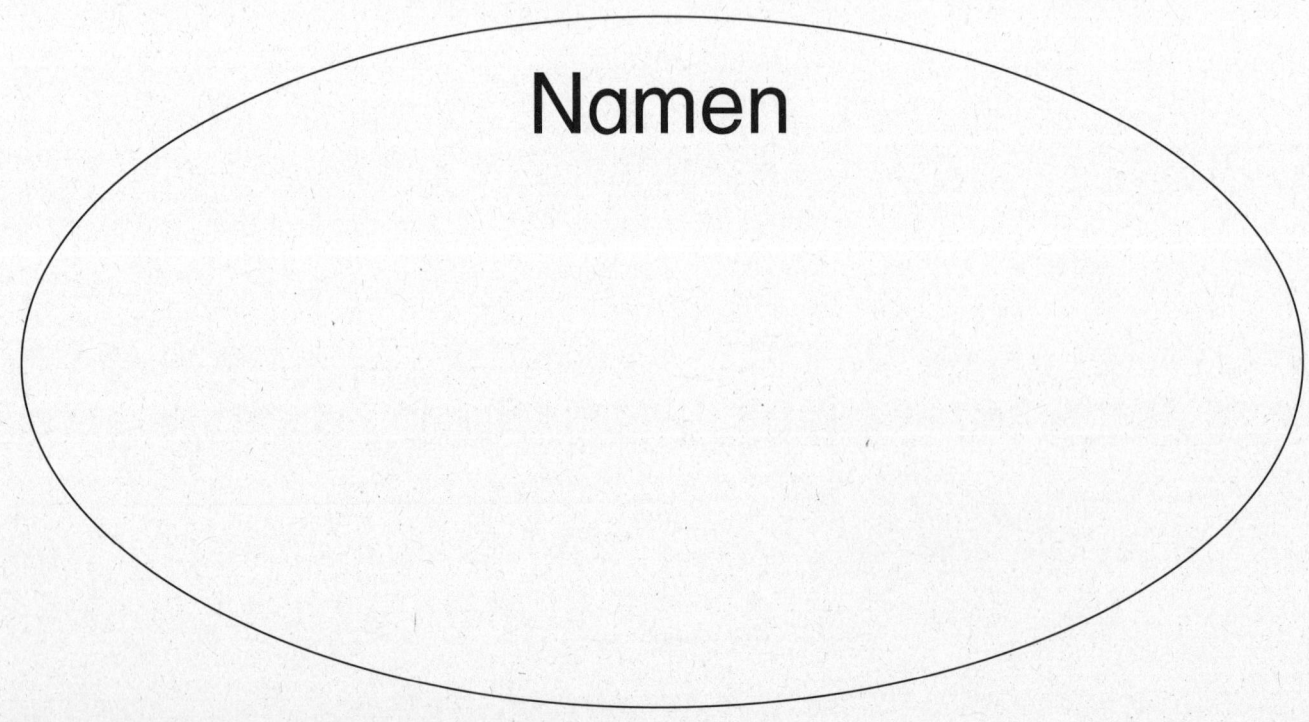

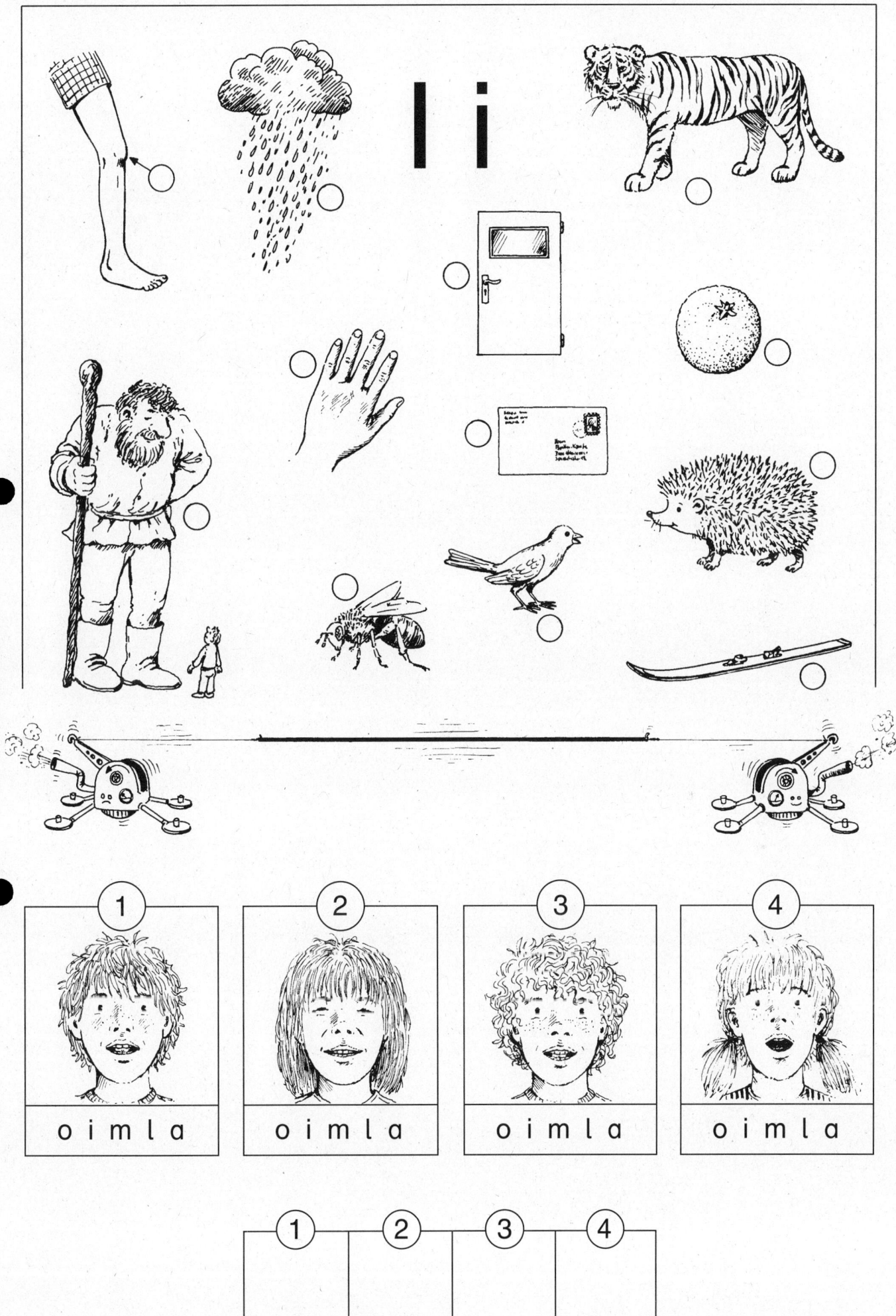

FS 11 – *oben:* i-Laut heraushören und Wörter markieren – *unten:* den dargestellten Laut herausfinden (die Buchstaben unter den Bildern grenzen die Möglichkeiten ein) und in das entsprechend numerierte Kästchen schreiben – das Lösungswort lesen – E/Px

15

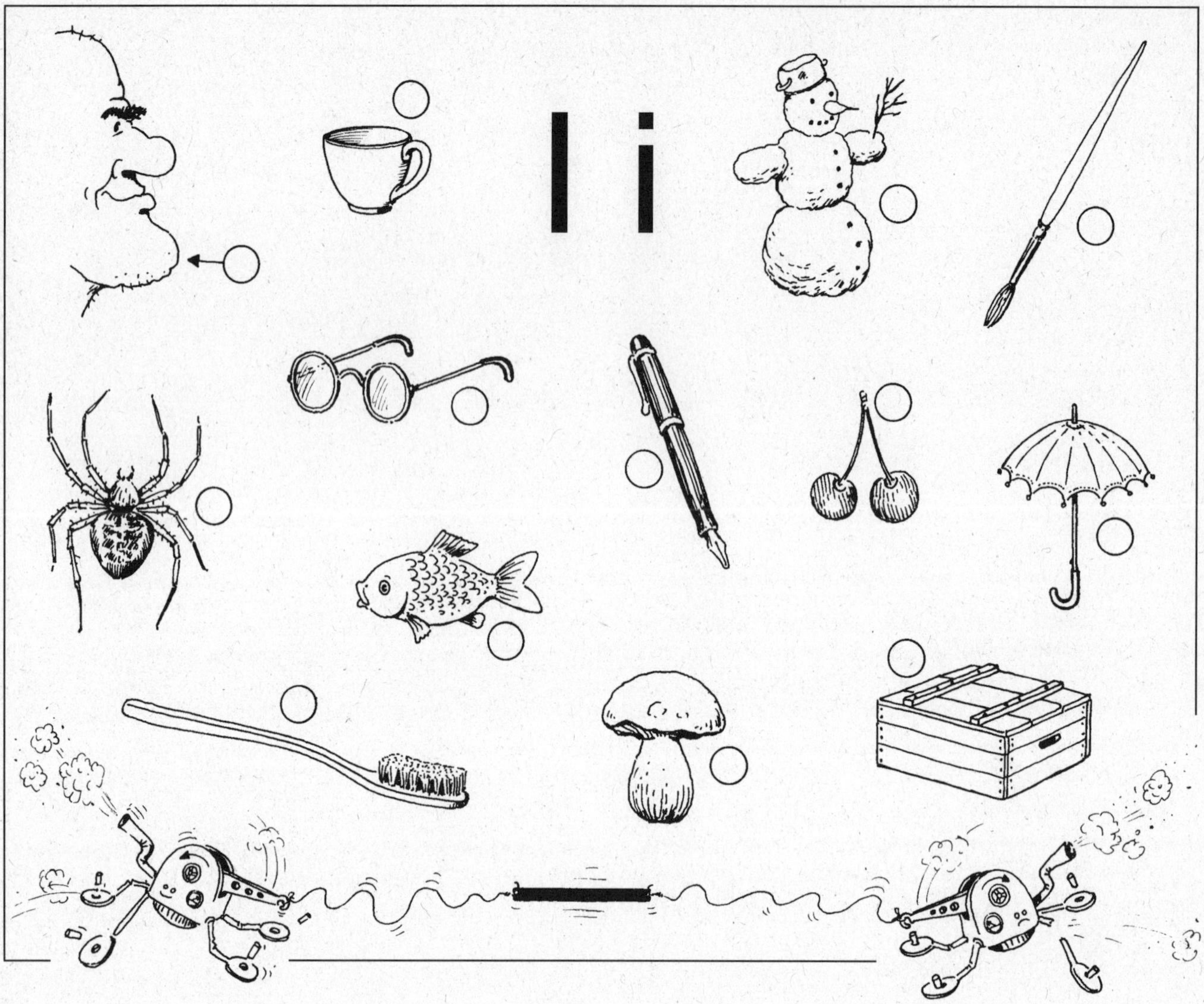

I i

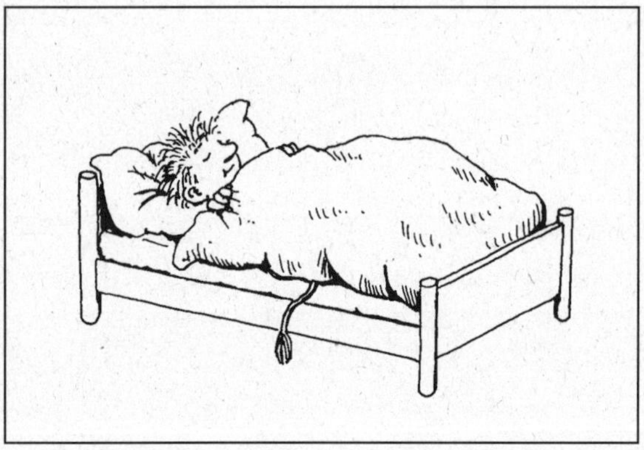

Ole am 🛏 Oma im 🪑

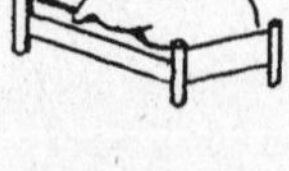

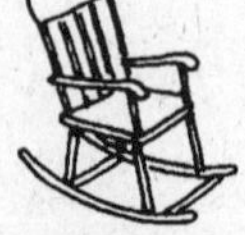

Alo im 🛏 Opa im 🪑

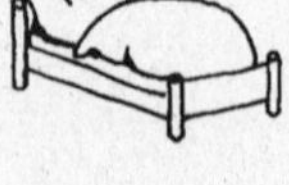

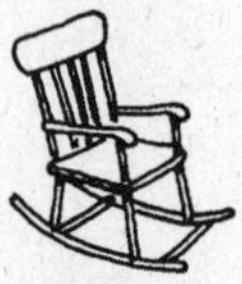

Leo im 🛏 Oma am 🪑

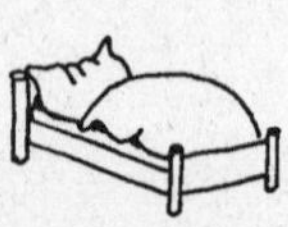

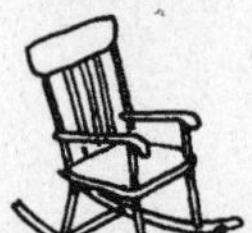

Mama im ☐ Opa im ☐

Oma am ☐ Mappe im ☐

T t

Male 2 Palmen.

Male 3 lila Tannen.

Male alle Lippen an.

Opa mit Enten

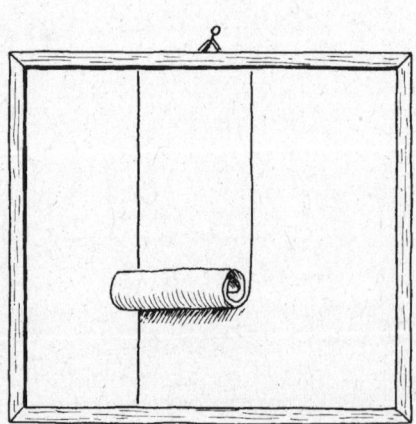
Tapete mit Tannen

2 Tanten mit Mantel

Mama malt

Alo malt

S s

Pinsel
Sonne
Los
Sessel
Insel
Tomaten
Mast

Ente
Mist
Insel
Esel
Lama
Lampe
Lamm

Pinsel
Salat
Palme
Ananas
Pillen
Melonen
Ast

Nase
Tal
Tinte
Nest
Tasse
Tante
Post
Note
Tomaten
Name

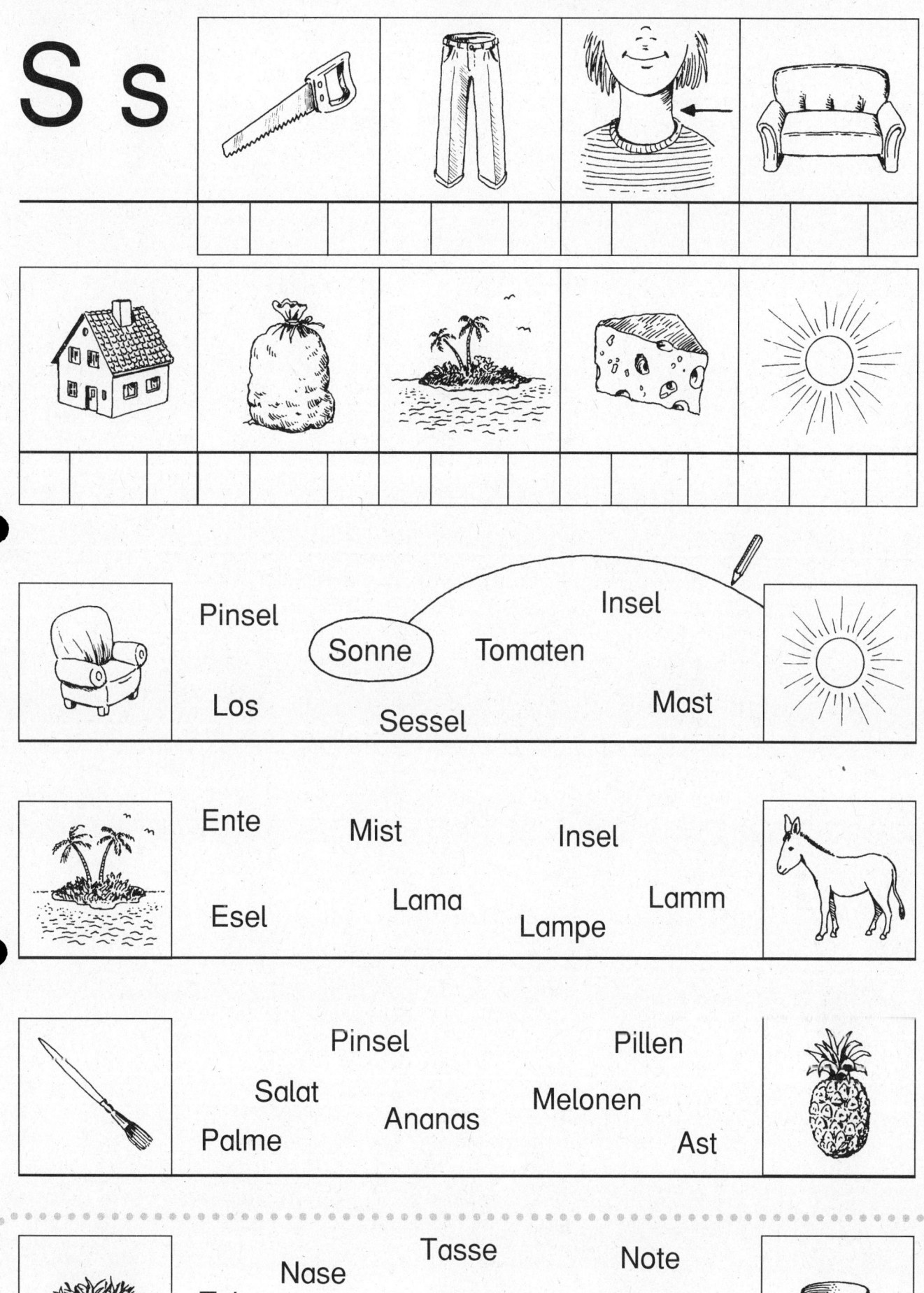

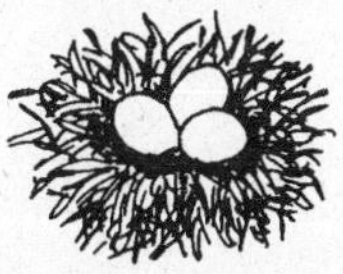

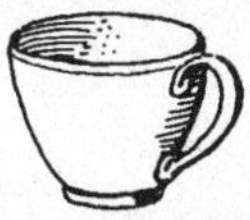

Ww

◯ 1 Was will Mama?   ◯ Ela ist im Tal.
◯ 2 Wo ist Ole?   ◯ Opa soll essen.
◯ 3 Was soll Opa?   ◯ 1 Mama will lesen.
◯ 4 Wo ist Ela?   ◯ Ole ist am See.

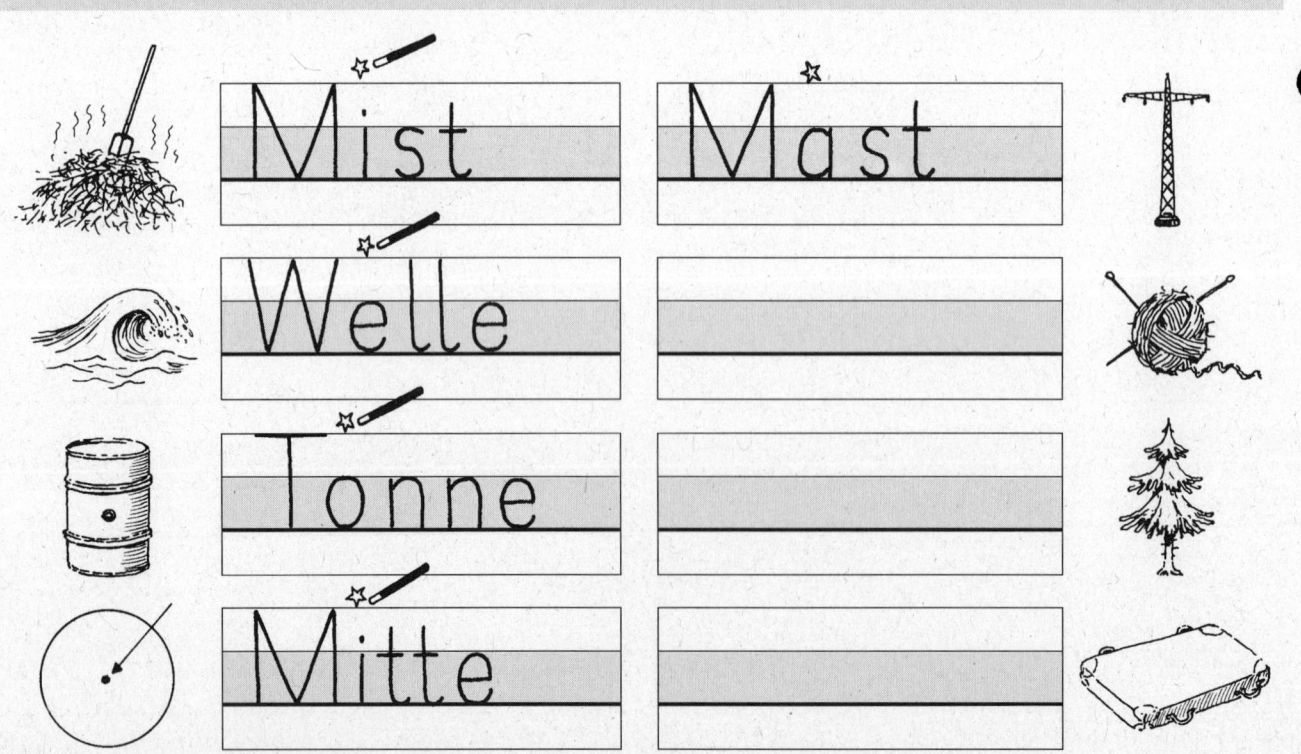

Mist — Mast
Welle
Tonne
Mitte

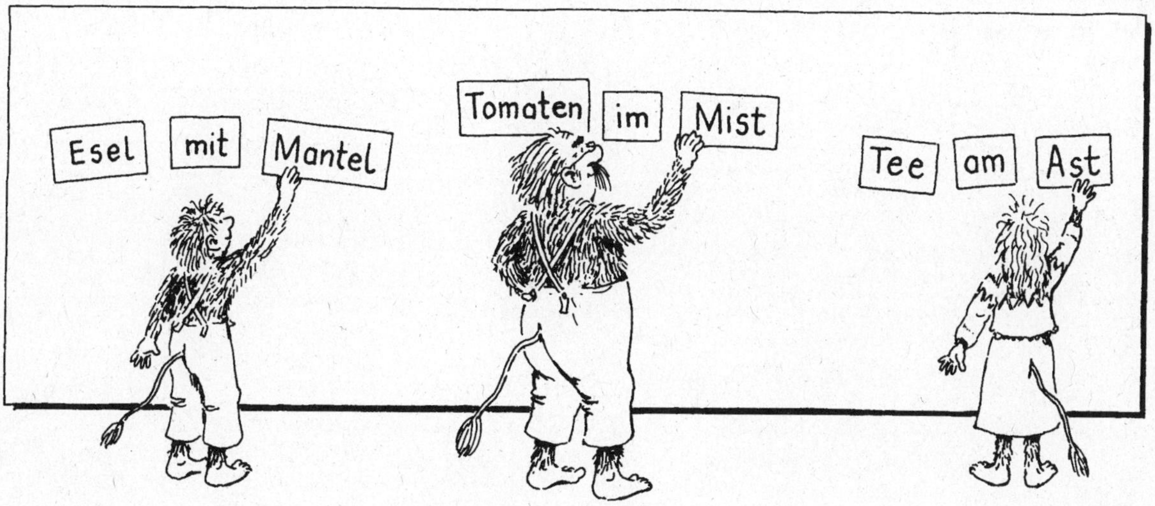

Esel mit Mantel — Tomaten im Mist — Tee am Ast

Esel wollen essen.

~~Pinsel wollen etwas wissen.~~

Amseln lesen.

Opa wettet mit Papa.

Enten wissen alles.

Opa ist Omas Mann.

Tanten wollen Watte essen.

R r

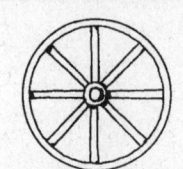

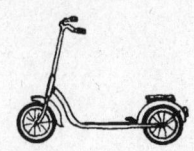

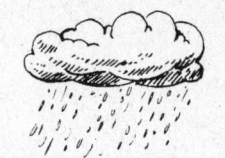

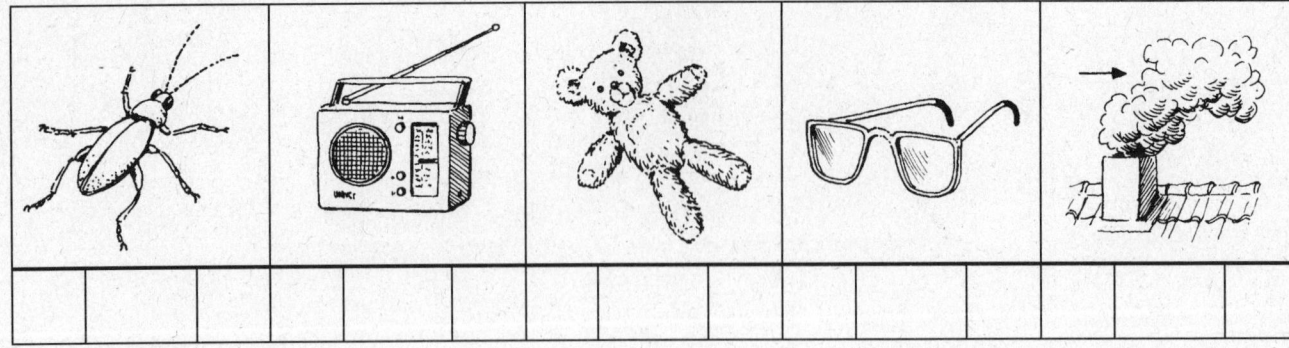

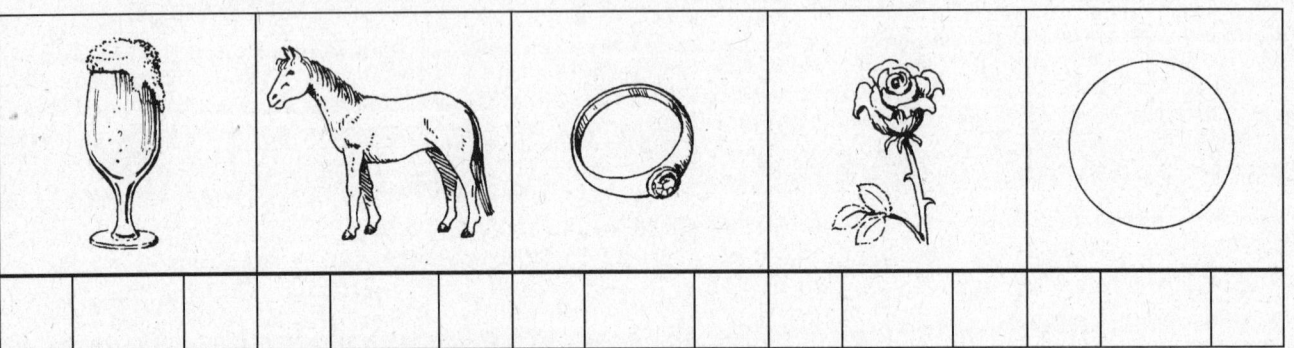

1. Opa mit roter Nase
2. Tante Lili mit lila Perlen
3. Ole im Wasser
4. Papa mit 2 leeren Tellern

FS 14 – *oben:* Stellung des r-Lautes im Wort bestimmen – *unten:* sinnerfassendes Lesen: Bilder den Sätzen durch Numerierung zuordnen – Bilder nach Angaben in den Sätzen weiterzeichnen bzw. ausmalen – E

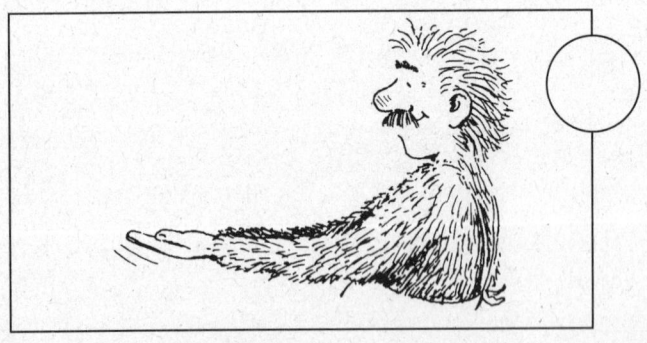

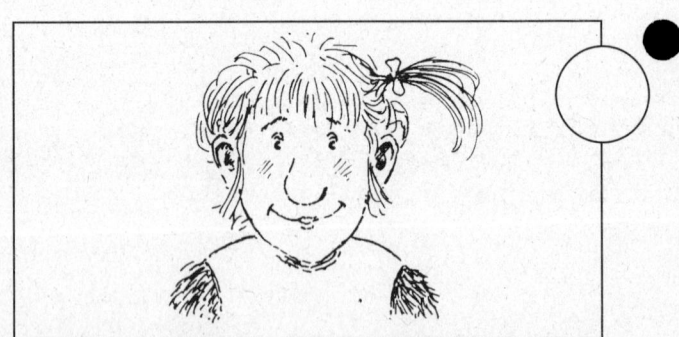

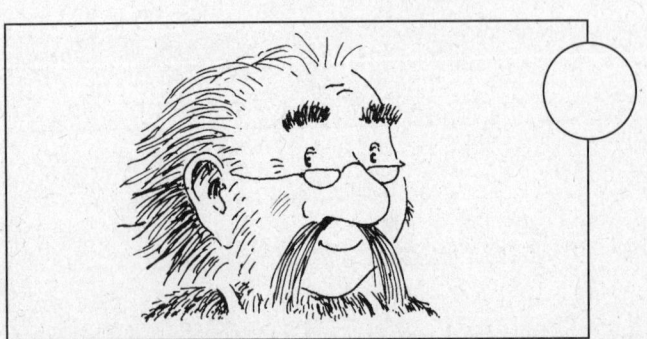

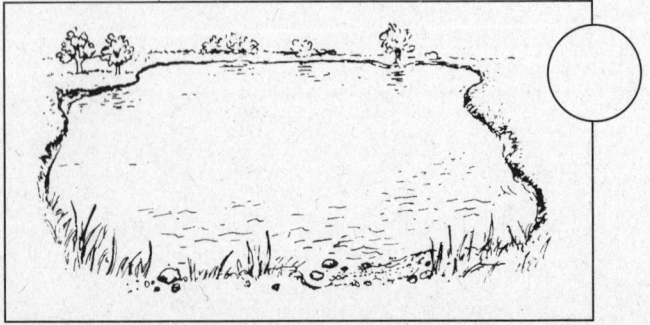

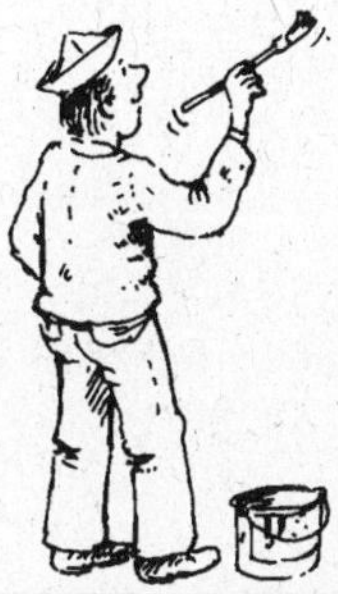

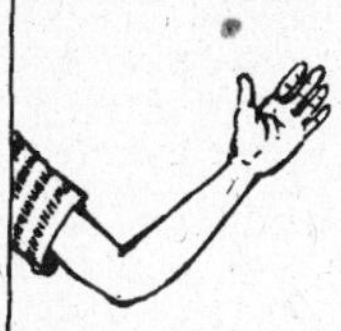

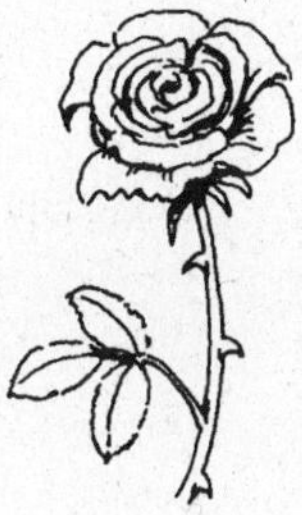

MamamaltmitPinseln.

Mama malt m

EselessenwarmeLinsen.

FS 14 – *oben:* Buchstabenkärtchen von Zusatzblatt 3 ausschneiden – Wörter nach Diktat legen – Wörter zu den Bildern legen und kleben – *unten:* Differenzierung von Wörtern aus Sätzen: Sätze mit Lücken zwischen den Wörtern schreiben – DIFF – E/P

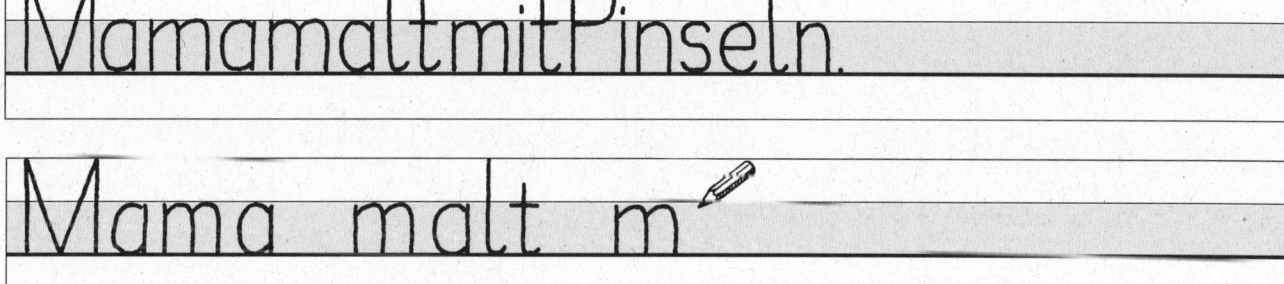

Ei ei

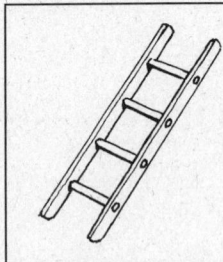 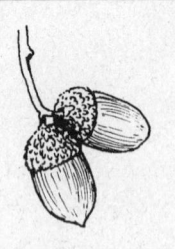   

 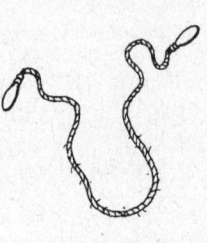   

① Ela will Eis essen.

② Oma will eine rosa Torte essen.

③ Alo teilt eine Torte in 4 Teile.

④ Iiii, will Mama Salat mit Ameisen essen?

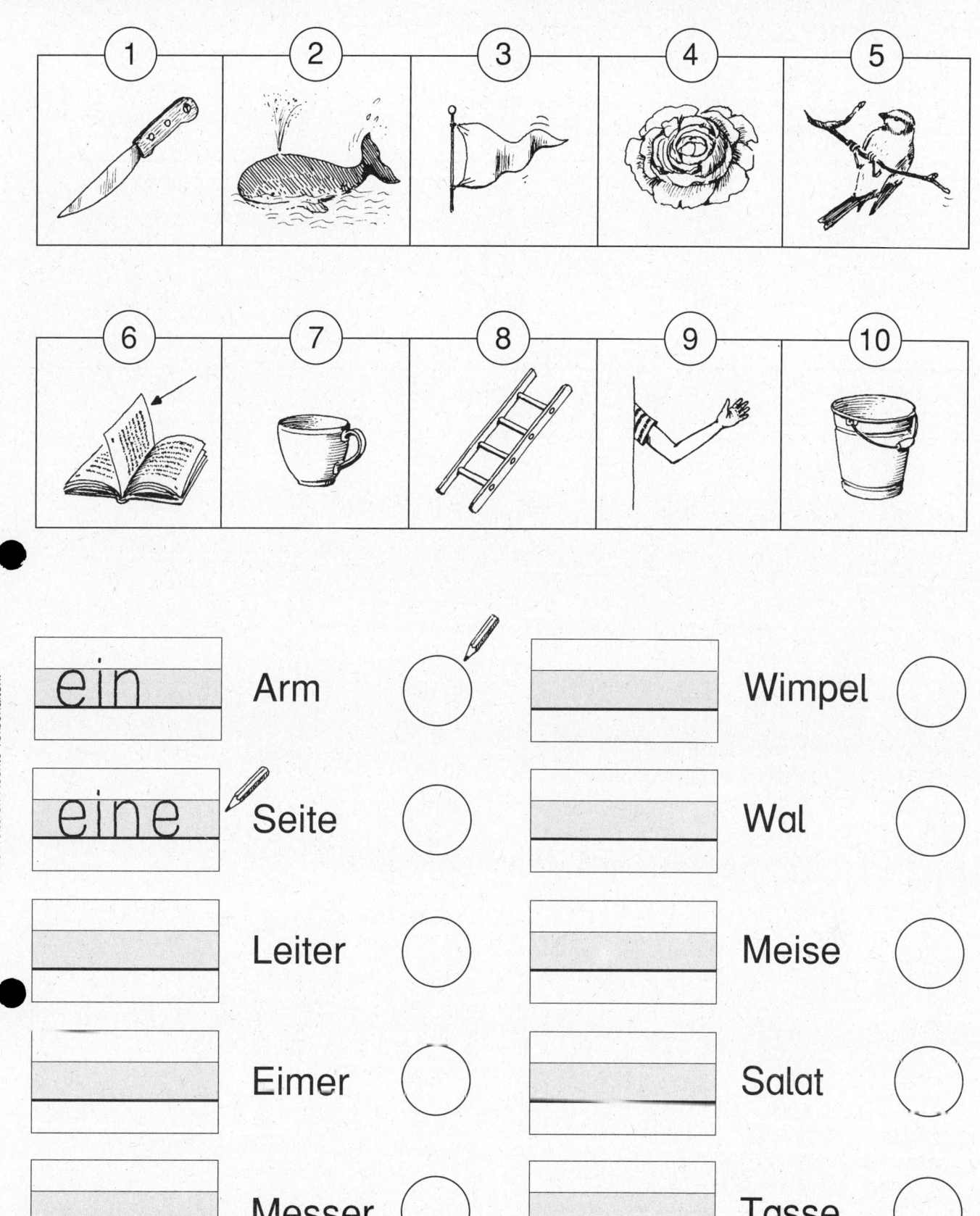

D d

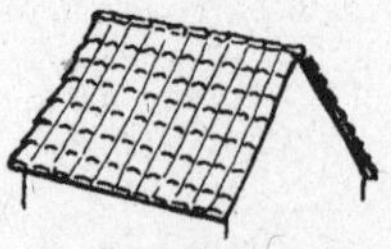 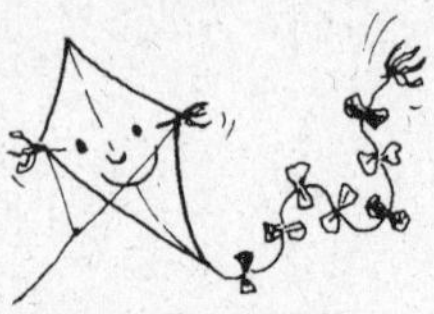 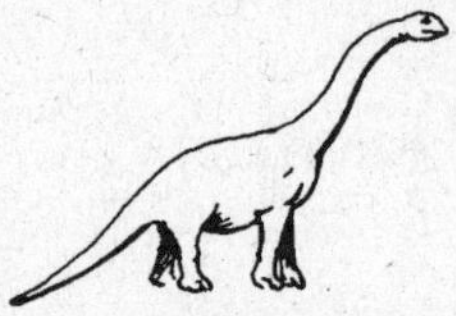

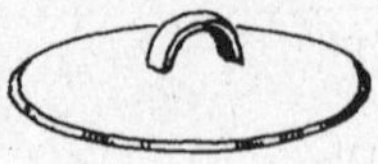 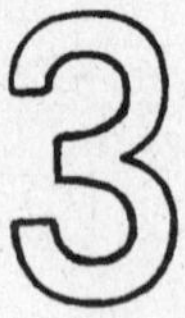 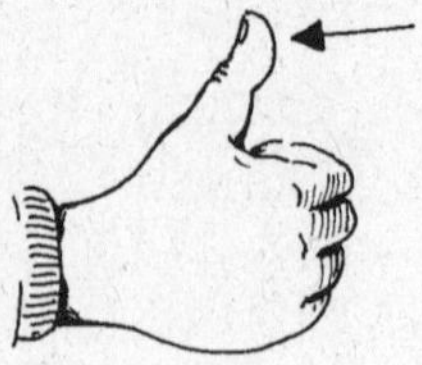 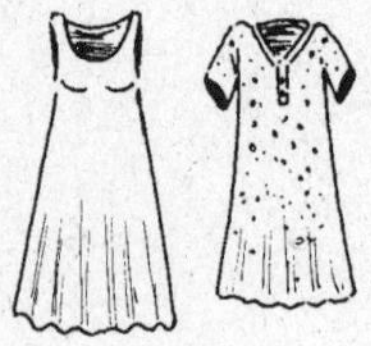 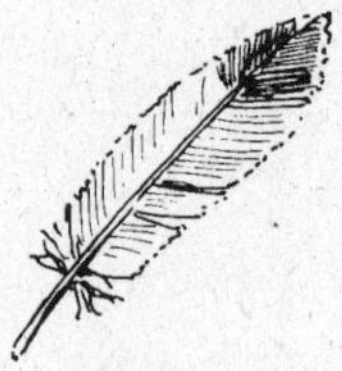

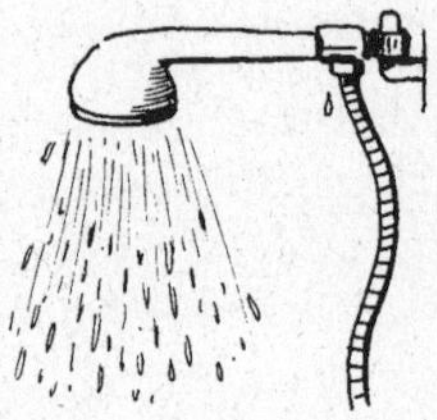 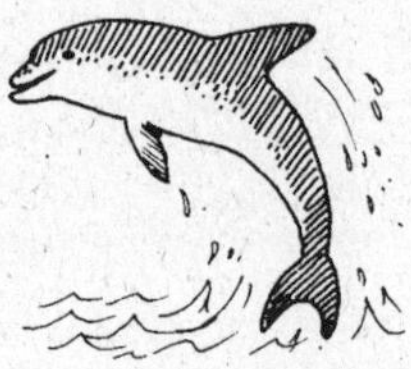 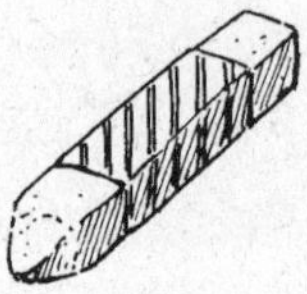 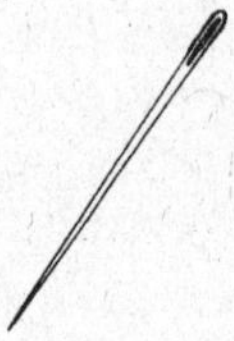 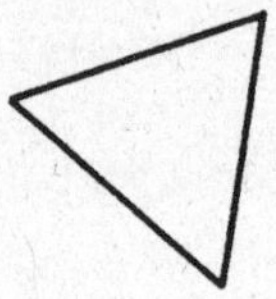

1. In der Wolle sind 2 oder 3 Nadeln.
2. Dort sind drei Tassen oder drei Teller.
3. Das ist eine Dose mit Tomaten oder Ananas.
4. Male einen Eimer oder einen Roller in den Sand.

FS 15 – *oben:* Stellung des d-Lautes im Wort bestimmen – *unten:* sinnerfassendes Lesen: Bilder den Sätzen durch Numerierung zuordnen – Bilder nach Angaben in den Sätzen weiterzeichnen bzw. ausmalen – E

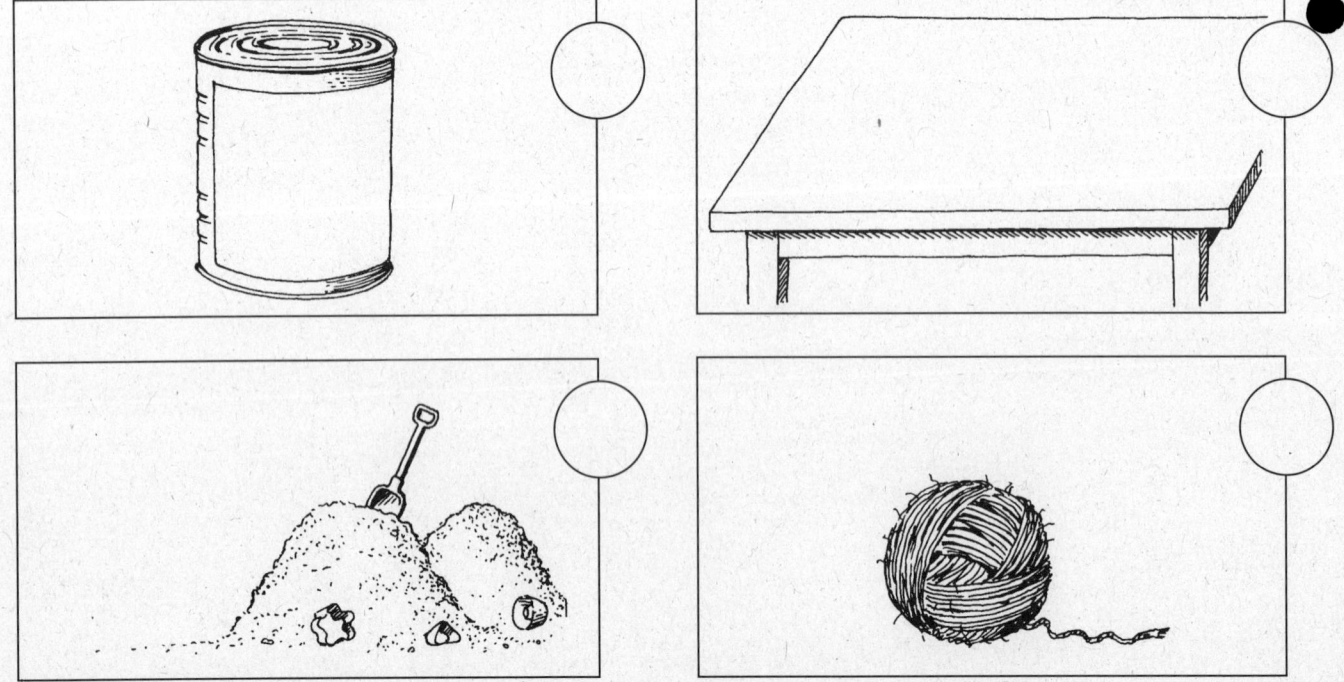

H h

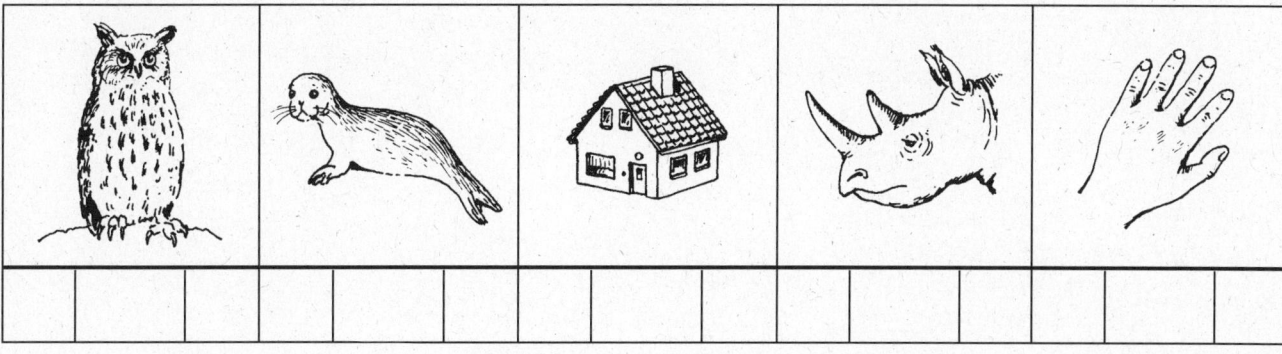

Alos Hamster hat helle Haare.

Ela holt dem Hamster einen Salat.

Ole soll hinter der Tanne warten.

der oder **das** ?

Ole hat _____ Seil.

Wo ist _____ Nest?

Ein Hase ist an _____ Tanne.

In _____ Tonne ist Ela.

| hoppelt im Wald. | paddelt im See. | rast mit dem Rad. |

Der Hase

Tante Ina

Ali

F f

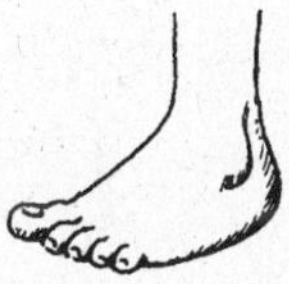

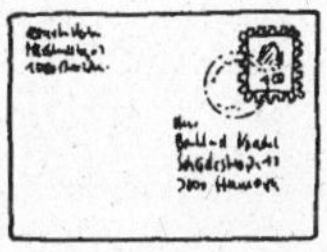

Alo trifft Ela an einem Felsen am See. Ela wirft einen Reifen ins Wasser.

Leo flattert heran. In Opas Pantoffel findet Ole eine Feder.

Reime

Wasser ist im See. Wasser ist im ☐ .

Eine Lampe ist am Mast. Ein Nest ist am ☐ .

Nadeln sind an der Tanne. Wasser ist in der ☐ .

Im Winter essen wir Reis. Im Sommer wollen wir ☐ .

Ein a ist in Platte. Ein a ist in ☐ .

Opa malt mit einem Pinsel Wir feiern ein Fest
das Meer mit einer ☐ . mit Eiern im ☐ .

Hat ein Osterhase eine rote ☐ ?

Elas Familie

Meine Familie

ie

Riese **Pap**ie**r** **Wie**se

 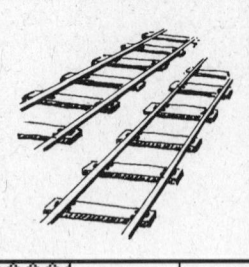   

Alo hat Flieder in der Hand. Er niest.

Alos Familie reitet mit diesem Tier ins Tal.

So ein Wetter. Ela friert.

Dort ist ein Wolf. Alle Tiere fliehen.

wir · lila · immer · Pille · Ei · Eis · Preis · hier · Reise · Feile · Riese · leise · Praline · Rosi · Flieder · Winter · mieten · dienen · frieren · Seife · Wind · tief · wir · Miene · Ali · Preis · in · Lied · Lippen · Mief · die · niesen · Leid · Niete · Tiefe · Frieda · im · dir · Eimer · mies · Ina · Eile · Seil · sein · Wind · finden · reimen · Windel

Male alle Felder mit einem ie-Wort rot.

Ch ch

 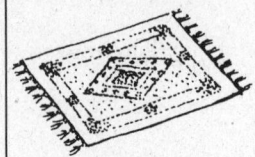 8

Chinese   Teppi**ch**   a**ch**t

   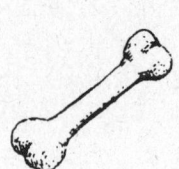 

Ein Wichtel sammelt Eicheln.

Drei Wichtel mit einem Hecht.

Elf freche Wichtel lachen.

Ein Wichtel hat Pech. Da war ein Loch!

ch wie in 🥛 oder **ch** wie in 🎂 ?

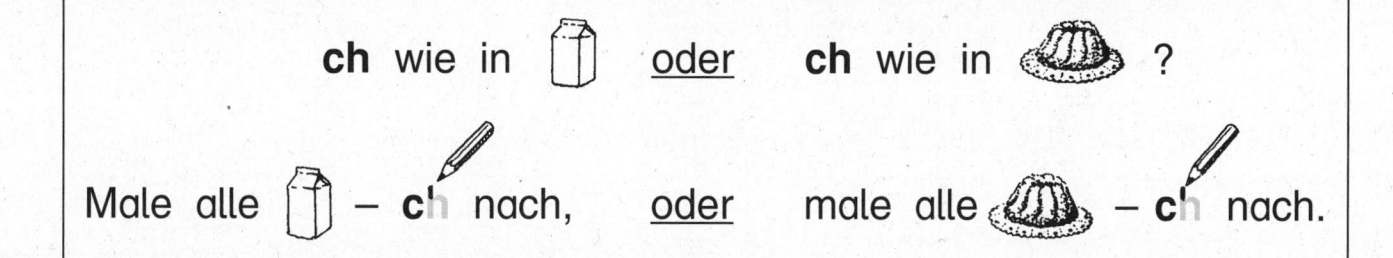

Male alle 🥛 – **ch** nach, oder male alle 🎂 – **ch** nach.

Sache acht Teich lachen
Elch Woche machen Chinese
Pech Drache weich

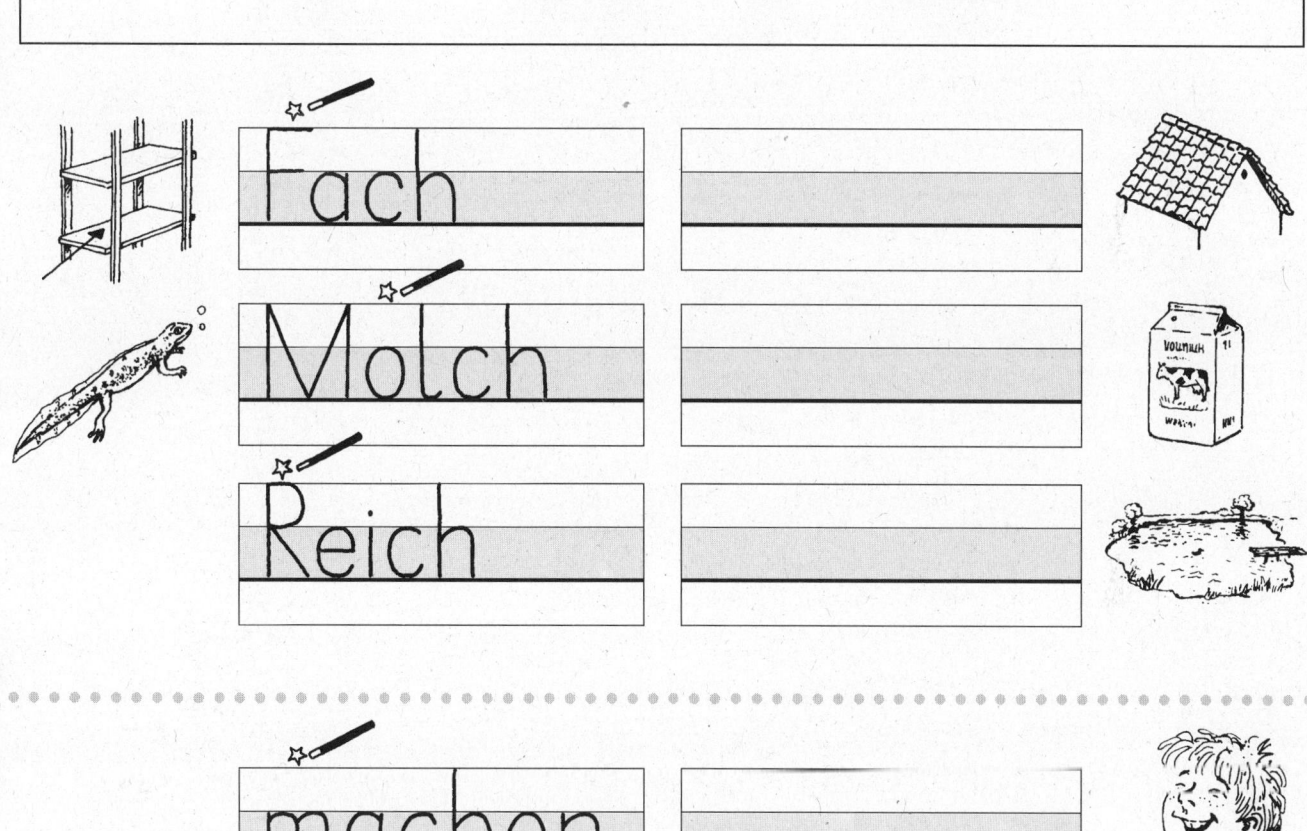

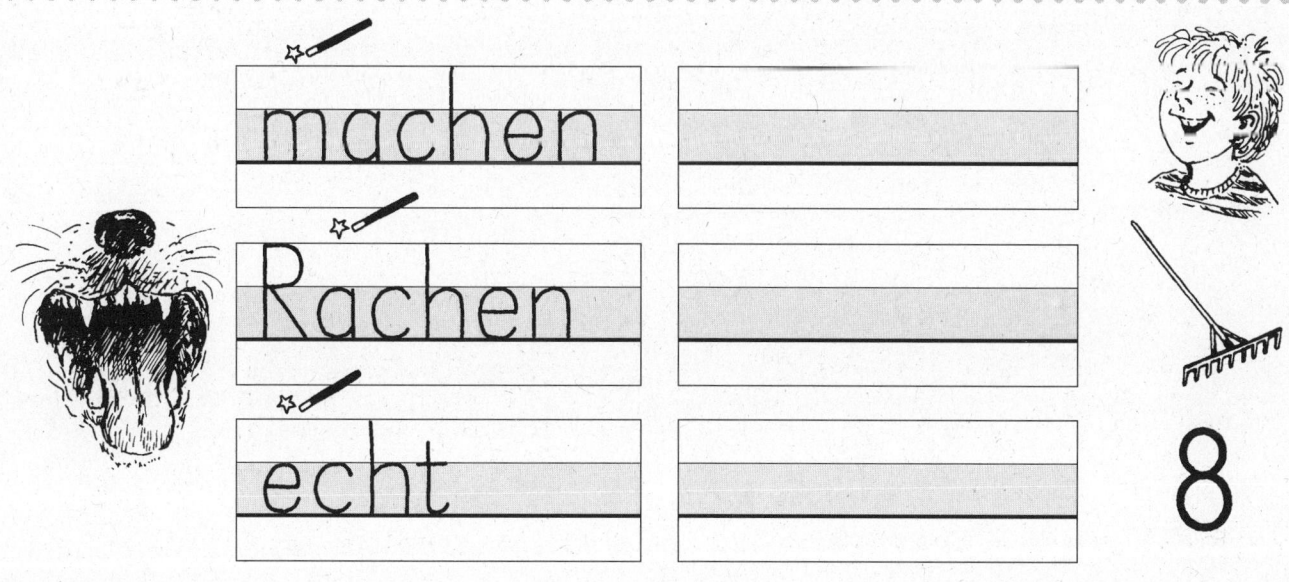

Fach

Molch

Reich

machen

Rachen

echt

8

Solche Sachen will ich machen

Mit einem Propeller rasend rollen.

Mit Wichteln nachts im Walde tollen.

Mit einem Elch nach China reiten.

Einen Wasserfall in meine Wanne leiten.

Drei Wochen einen Wolf anlachen.

Mit Pippi freche Sachen machen.

B b

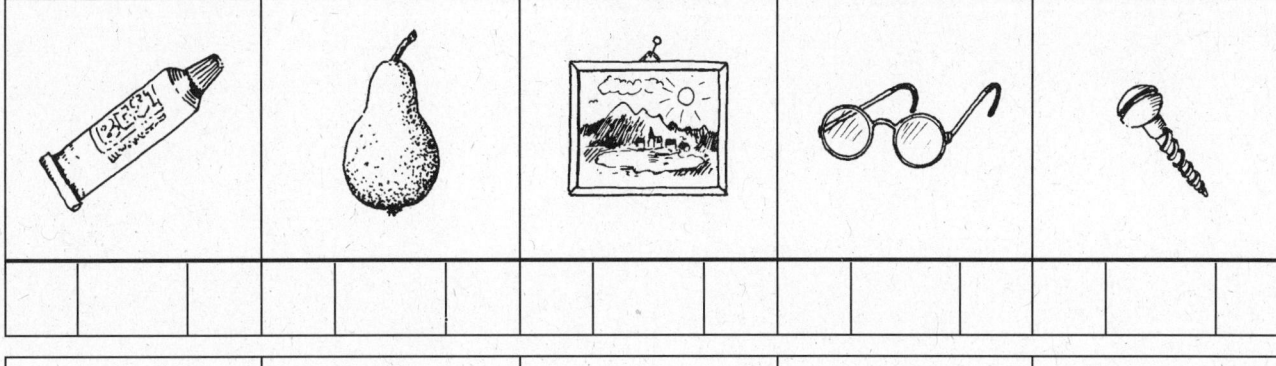

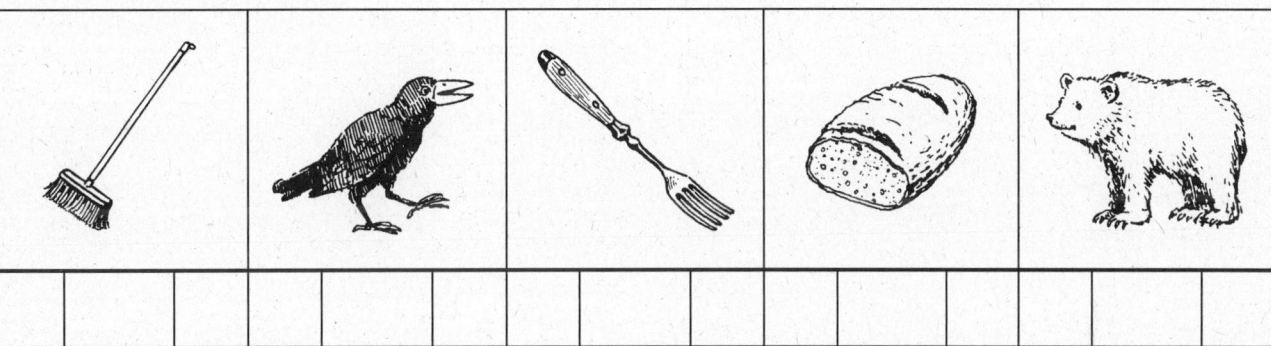

Bei den Tobis
wird es Herbst.
Male den Wald in
herbstlichen Farben.

Alos Ballons sind
beide am Himmel.
Ela will Birnen haben.
Ob der Rabe Ela hilft?

FS 20 – *oben:* Stellung des b-Lautes im Wort bestimmen – *unten:* sinnerfassendes Lesen: die Graphik mit Bildchen der Klebebildseite und durch Malen oder Zeichnen ergänzen – E

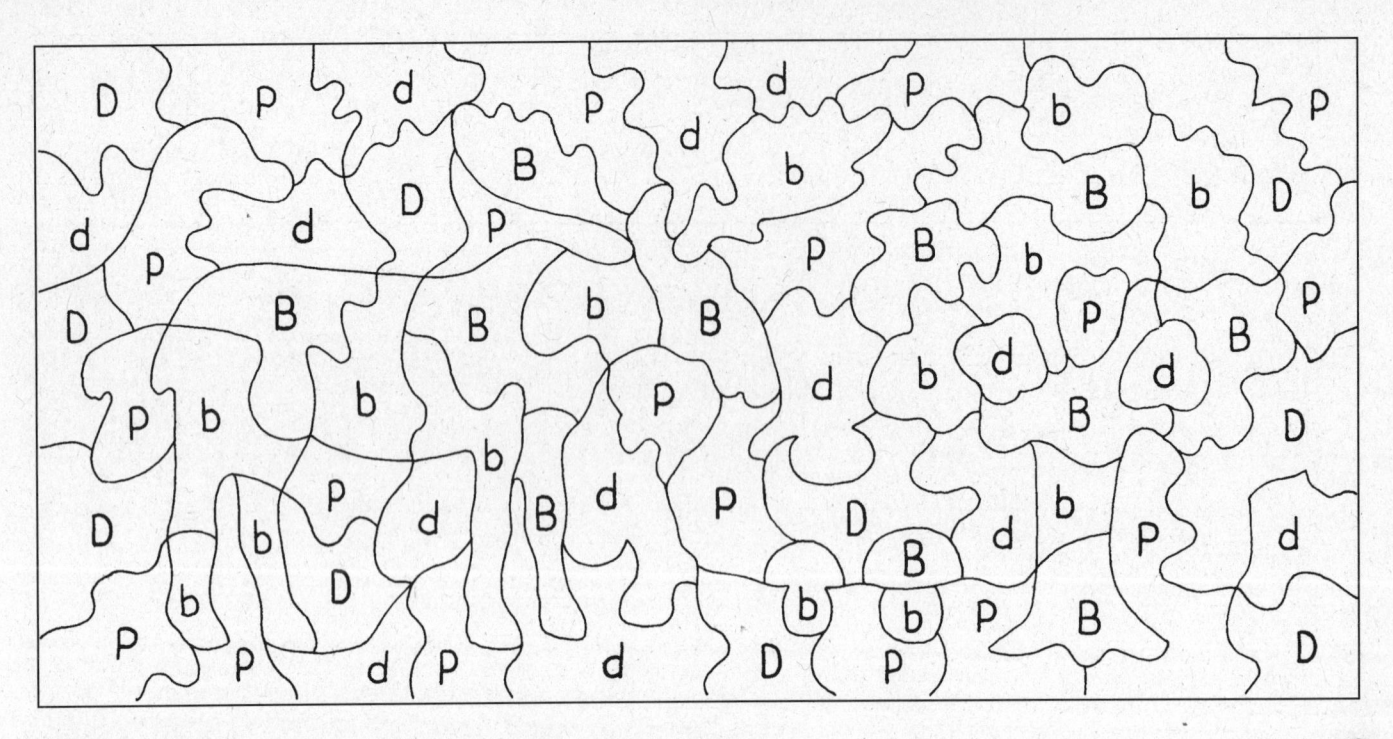

Male alle Felder mit b oder B rot an.
Alle anderen Felder bleiben so, wie sie sind.

Male alle b rot nach.

p b b d d b p p d p b b p d b

Male in den B das b rot nach.

B P D P B B P P D D D B P

Wo ein b ist, ✏ ein B.

d B p b p b d d b p b b p d

Nadel

Hand

leben

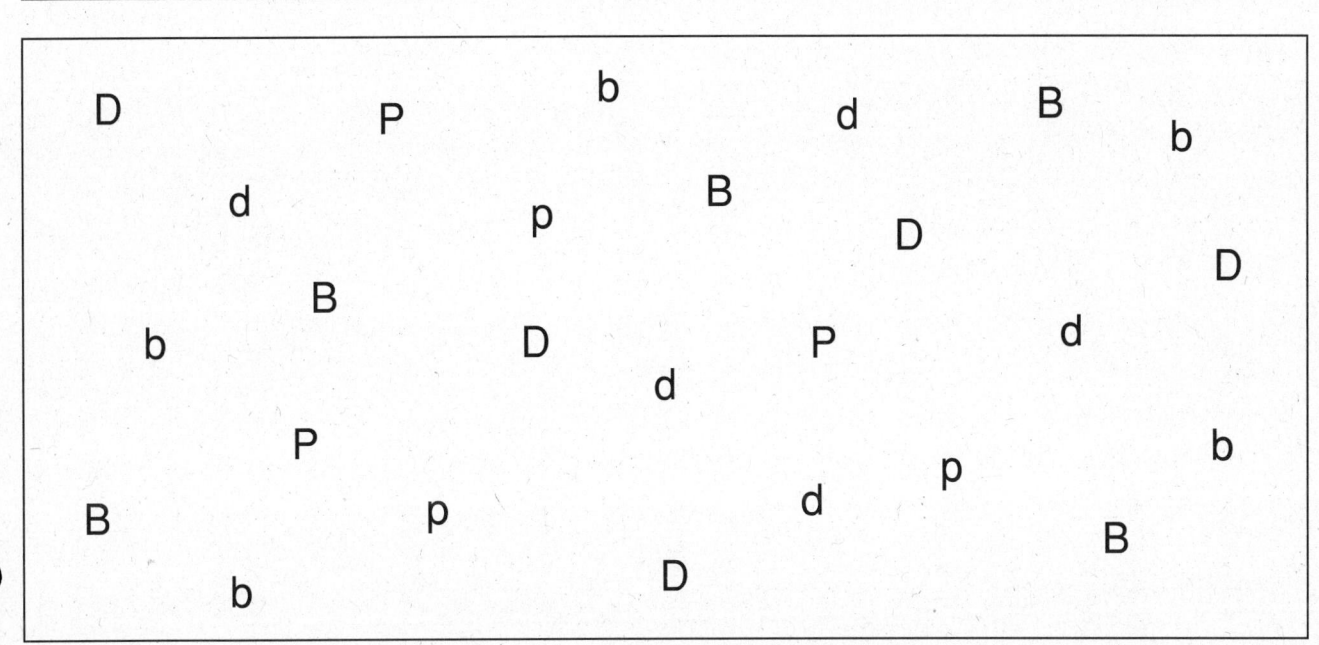

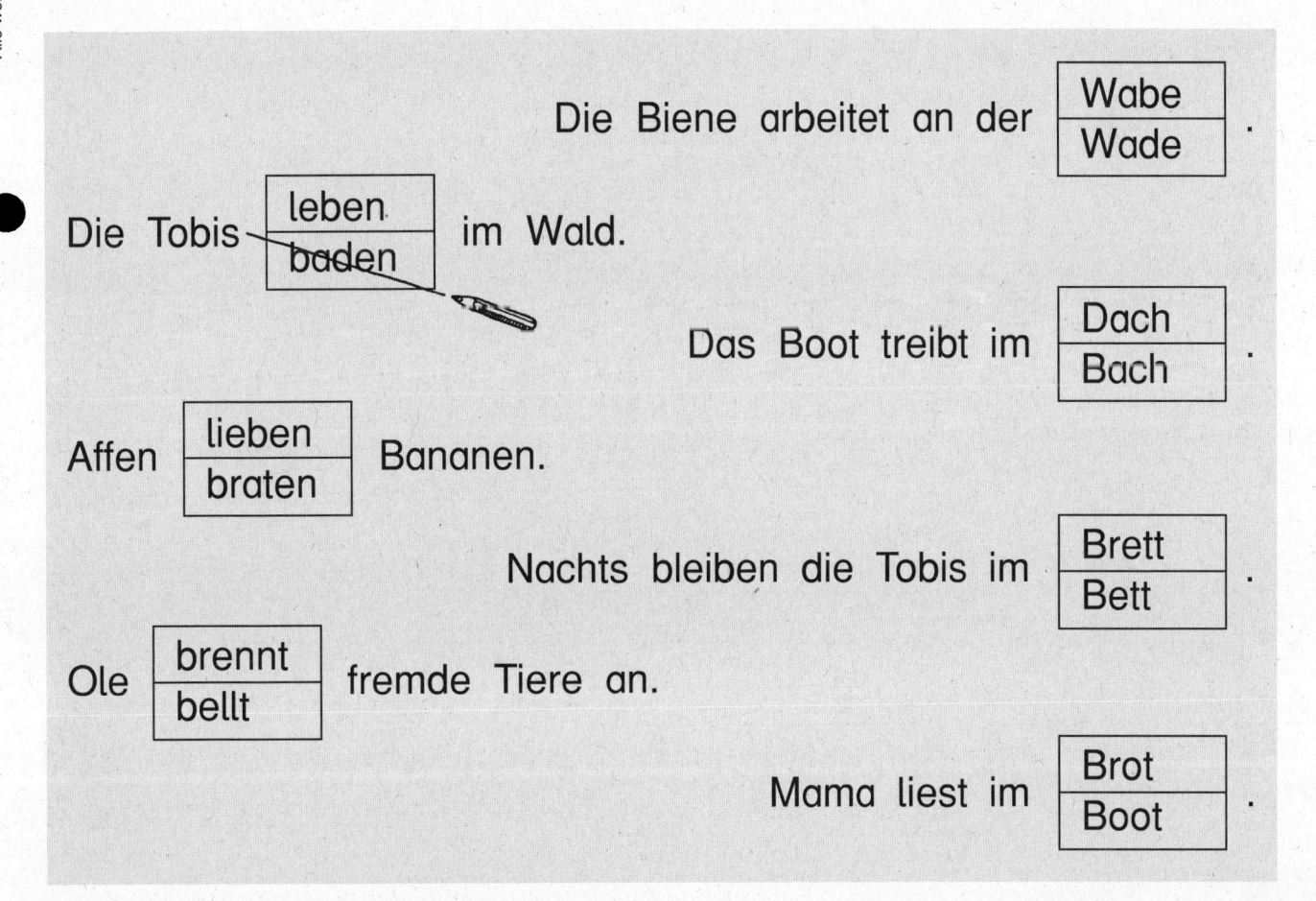

Die Biene arbeitet an der | Wabe / Wade |.

Die Tobis | leben / ~~baden~~ | im Wald.

Das Boot treibt im | Dach / Bach |.

Affen | lieben / braten | Bananen.

Nachts bleiben die Tobis im | Brett / Bett |.

Ole | brennt / bellt | fremde Tiere an.

Mama liest im | Brot / Boot |.

FS 20 – *oben:* Zuordnung der Klein- und Großbuchstaben durch Linien; Anlautbestimmung durch Zeichnen des passenden Anlautbegriffes – *unten:* sinnerfassendes Lesen: Durchstreichen des nicht-passenden Wortes – DIFF – E/P

Biber

Biber sind Wassertiere.
Deshalb haben sie
ein warmes Fell.
Biber riechen alles.
Sie haben eine feine Nase.
Biber fressen Rinde.

Manchmal errichten sie
einen Damm in einem Bach.
So wird der Bach ein See,
in dem die Biber leben.
Was macht dieser Biber an
dem Ast?

Mei - ne Bi - ber ha - ben Fie - ber, die - se Ar - men.
Will sich nie - mand denn der ar - men Tier' er - bar - men?
Mei - ne Bi - ber ha - ben Fie - ber, meint der al - te Far - mer
Sie - ber, lie - ber will ich sel - ber Fie - ber, mei - ne Bi - ber aber nicht.

U u

Ela turnt an einem Ast.
Der Ast bricht ab.
Ela plumpst herunter.
Nun hat sie eine Wunde
am Bein. Es blutet.

Leo und Ole wollen helfen.
Sie holen etwas.
Was will Ole mit dem Eimer?
Was ruft Ela?

ah uh
oh eh ih

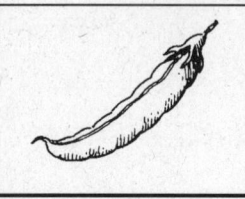

| Hahn | Bohne | Reh |

Das Reh wohnt bei den Tobis.

Es lahmt.

Ein Bein tut ihm weh.

Oma hilft dem Reh.

Nun fehlt dem Reh nichts mehr.

Oma ist froh.

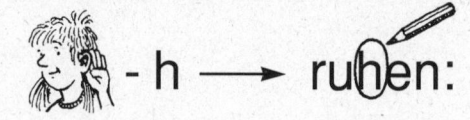

-h → dehnen oder -h → ruhen:

dehnen, ruhen, Huhn, Hahn, wohin, Nashorn, Uhu,
daher, Lehrer, woher, Sohn, es lohnt sich

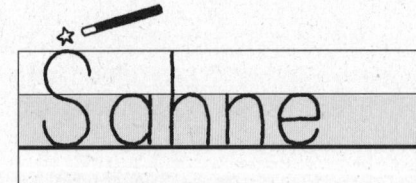

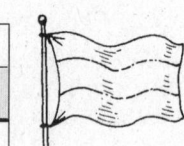

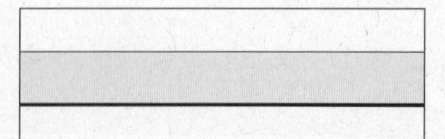

Sahne

Ohr

Bohnen

So sollte es oft sein

Mama liest. Wir betrachten die Bilder im Buch. Papa ist mit dabei. Er bastelt etwas. Oma und Opa sind da. Opa macht Waffeln, und Oma arbeitet an einem Pulli.

Ist es oft so?

Wie ist es bei dir?

K k

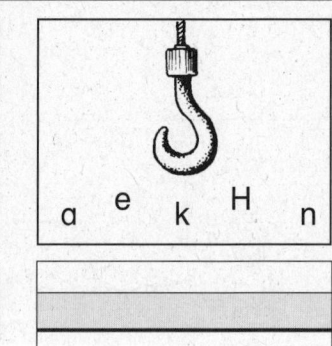

Die Tobis basteln.
Alo knetet ein Krokodil.
Omas Kamele waren einmal Kartoffeln.
Ela bastelt etwas mit Kohl,

Was macht Mama?
Mamas Bastel-Arbeit
kannst du selbst erfinden
und hinmalen.

SILBEN

| fah | rech | le | ~~len~~ | ren | chen |
| ~~ma~~ | ko | ba | nen | sen | den |

malen

Kater Kamera Kasse Musik Maske

Kilo meter Korn blume Land karte Kohl Krokodil

Kartoffel Kern Kaninchen Kino Kaktus

FS 22 – *oben:* Wörter aus Silben bilden und schreiben – *unten:* Silbenklatschen und die Anzahl der Silben durch Kreuzchen kennzeichnen – DIFF – E/P

Wer macht was?   Mama oder Papa oder ich ?

arbeiten

Wie ist das bei den Tobis?

Wer [strickt]?

Wer sammelt Beeren?

Wer kocht Kaffee?

Wer sammelt [Pilze]?

Au au

Auto	H**au**s	Fr**au**

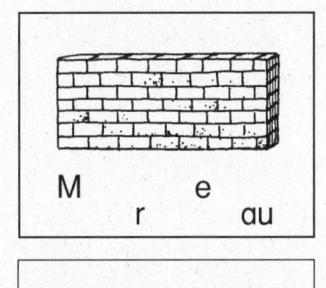

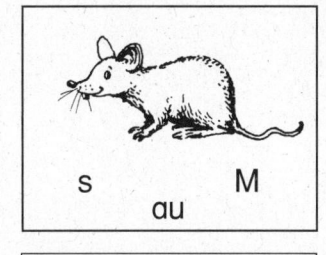

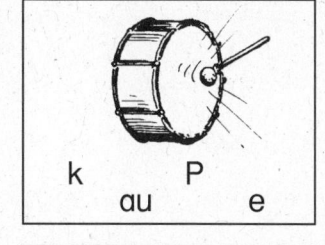

M e	s M	k P	au e
r au	au	au e	b T

- Opa will eine Wurst aus der Kammer holen.
  Da sieht er eine Maus.
  Opa baut eine Mausefalle.
  Ela tut die Maus leid.
  Sie sieht so niedlich aus mit ihrem braunen Fell.
  Ela will die Maus aus der Kammer holen.
  Wie wird sie das machen?

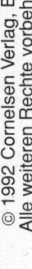

Haustiere

Die Tobis leben mit Tieren.
Sie haben einen Hund
und einen Raben. Auch ein
kleiner Hase ist bei der Familie.

Ein Elch ist das Reittier.
Biber helfen den Tobis bei
der Arbeit.

Auch bei uns leben oft Tiere.
Kinder lieben Tiere besonders.
Nicht alle Tiere kann man im
Haus halten.

Aber man kann sich das
ausdenken. Male ein Bild, in
dem die Tiere des Tobi-Waldes
deine Haustiere sind.

Pf pf

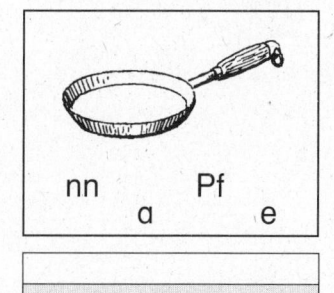

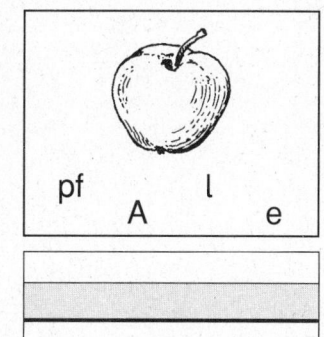

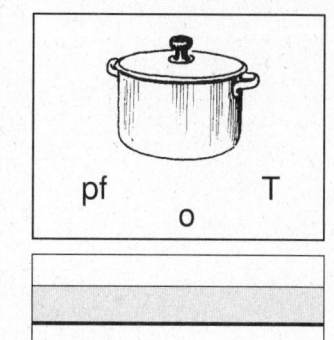

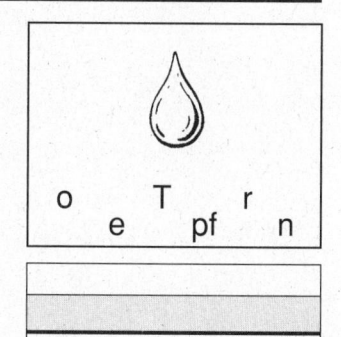

| nn Pf a e | pf A l e | pf o T | o T r e pf n |

Ole hat einen roten Apfel in seinem Napf. Ein Waldtier will ihn haben. Ole kommt auf leisen Pfoten heran. Aber Oma holt sofort ihre Pfeife.

Sie pfeift darauf, so laut sie kann. Da rennt das Tier fort.
Tapfere Oma!
Kennst du das Tier?

Sch sch

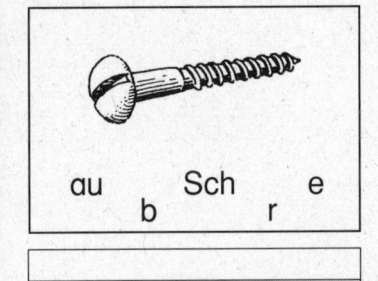

au Sch e b r	w a n Sch	a sch T e	Sch uh

Es schneit schon seit einer Woche.
Papa schippt Schnee.
Ela und Alo bauen einen Schneemann. Sie binden ihm einen roten Schal um.

Auf dem Kopf hat der Schneemann einen alten Topf.
Etwas fehlt. Was hat Leo da im Schnabel?
Aber Alo hat eine Idee.
Er holt eine andere Nase.

Damit wollen die Tobis fischen:

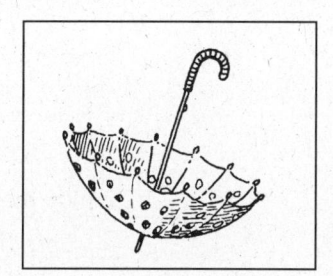

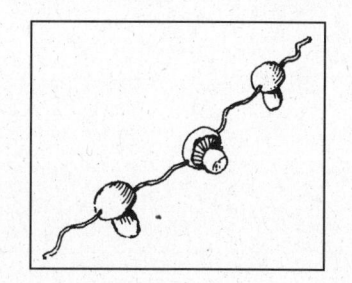

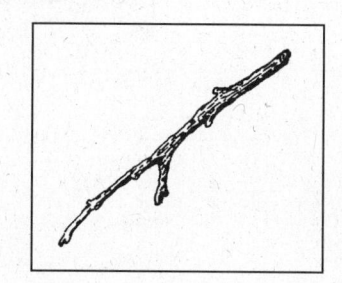

① Sie nehmen einen Ast als ...
② Sie nehmen eine Schnur als ...
③ Sie nehmen einen Schirm als ...

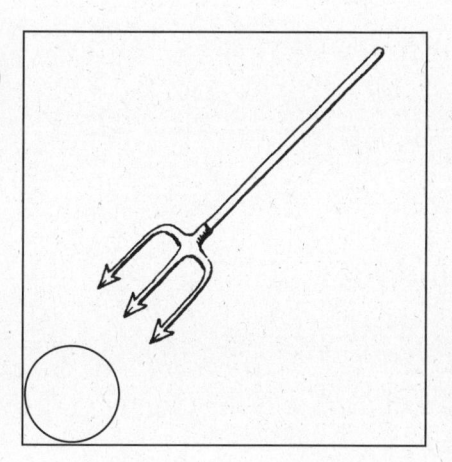

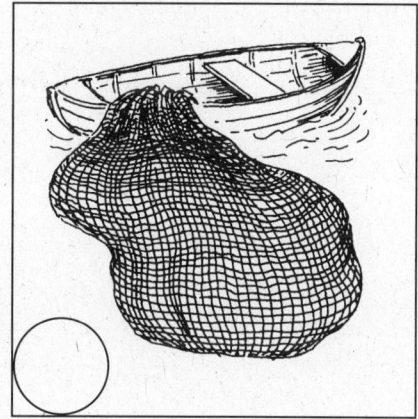

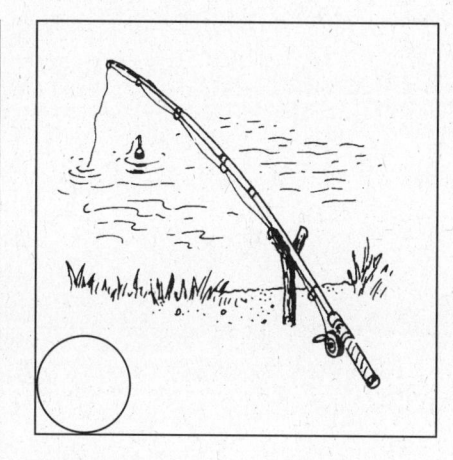

Fischers Frieda fischt frische Fische.
Frische Fische fischt Fischers Frieda.

Tiere am Tobi-See

Der Hecht kann sehr alt werden. Dann ist er schwerer als du.

Der Frosch lebt auf dem Land und im Wasser.

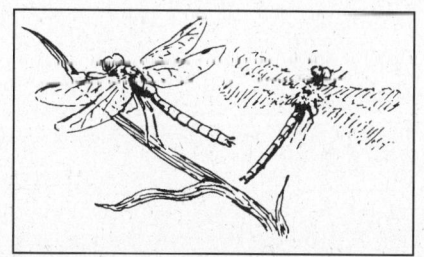

Libellen sind schnell wie ein Pfeil. Sie schillern oft in mehreren Farben.

Dreimal

1. Runde

1 Tante Doris	1 liebt	1 ihren Mann.
2 Die Erde	2 umkreist	2 die Sonne.
3 Die Kuh Berta	3 kaut	3 den Klee.
4 Die Ente	4 trinkt	4 Teichwasser.
5 Die Amsel	5 baut	5 ihr Nest.
6 Mein Papa	6 kocht	6 Nudelsuppe.

Ich habe 3 – 2 – 2:
Die Kuh Berta umkreist die Sonne.

2. Runde

1 Der Frosch	1 schwimmt	1 im See.
2 Der Hund	2 buddelt	2 hinter dem Haus.
3 Meine Mutter	3 duscht	3 im Bad.
4 Tante Frieda	4 wandert	4 im Wald.
5 Das Kind	5 meldet sich	5 in der Schule.
6 Der Maulwurf	6 lebt	6 in der Erde.

FS 24 – Lese-Würfelspiel: Es wird dreimal gewürfelt. Der erste Wurf gibt die Nummer des ersten Satzteils an, der zweite die des zweiten und der dritte die des dritten. – die entstehenden Sätze lesen – E/P/G

Briefkasten

> Liebe Susi!
> Kommst Du nach der Schule zu mir nach Hause?
> Dein Uwe

Die Kinder der 1a haben einen Briefkasten in ihrer Klasse. Sie schreiben sich oft Briefe. Auch der Lehrerin schreiben die Kinder. Oder die Lehrerin schreibt ihnen. Immer ein anderes Kind ist Postbote. Es holt die Post aus dem Kasten und teilt sie aus.

> Lieber Alo!
> Ich will Dich im Tobi-Wald besuchen. Wie komme ich dort hin? Mein Bruder will auch mitkommen. Darf er?
> Deine Fine

> Liebe Tina!
> Ich finde Deinen ersten Brief toll. Ich konnte alles lesen. Schreibst Du mir bald noch einen?
> Deine Lehrerin

Wollt ihr nicht auch einen Briefkasten einrichten?

Wem schreibst du als erstes?

G g

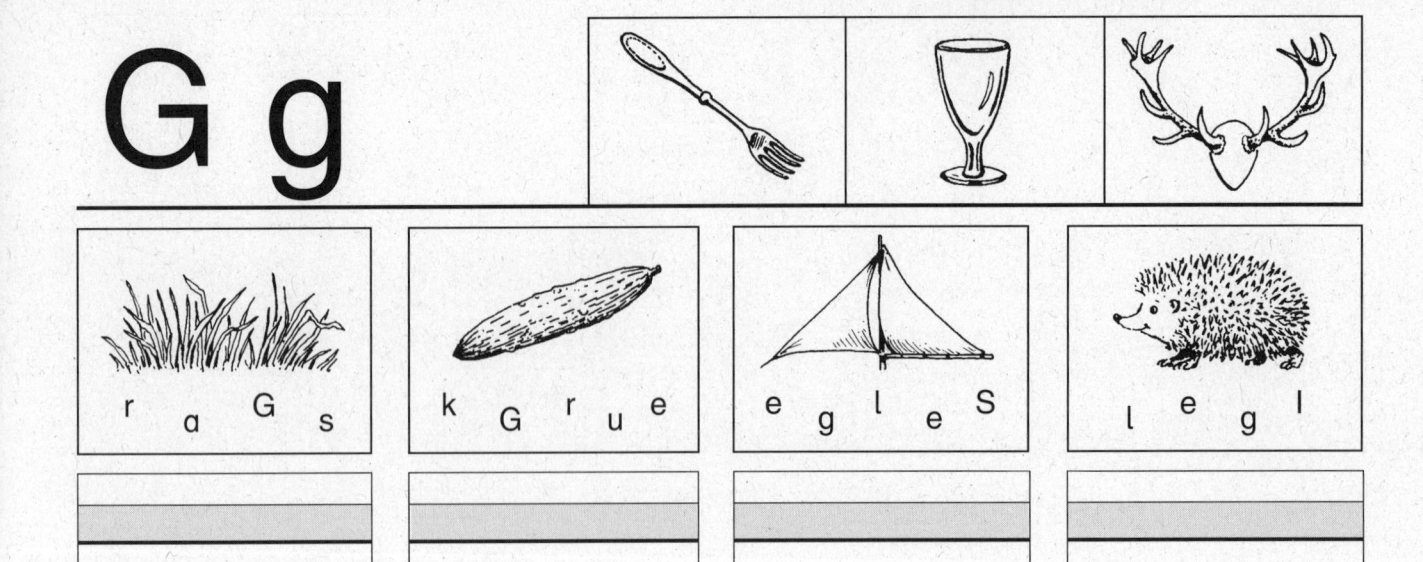

r a G s

k G r u e

e g l e S

l e g l

Ela badet im See.
Alo liegt im Boot und fischt.
In der Ferne wird es dunkel.
Es donnert. Mama ruft: Wir wollen gehen!
Der Donner grollt lauter.

Ela schwimmt schnell ans Ufer, und Alo holt seine Schnur ein.
Was hat er da am Haken?
Gemeinsam schaffen sie es.
Sie laufen nach Hause.
Ob das Gewitter sie einholt?

Z z

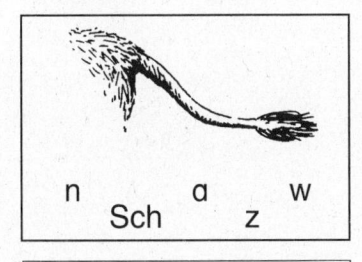

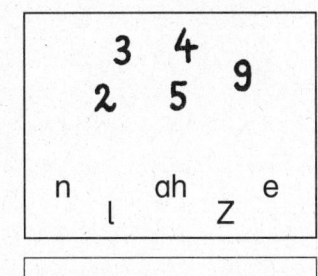

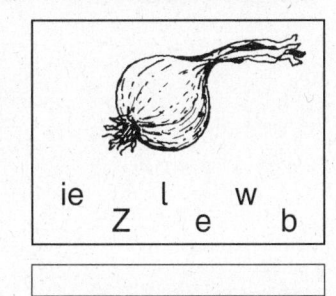

| n a w
 Sch z | i P <br> l z | 3 4
 2 5 9 <br> n ah e <br> l Z e | ie l w
 Z e b |

Zauberer Simsala zaubert den Tieren komische Sachen:

① Er zaubert dem Zebra ein ganz schwarzes Fell.

② Die Giraffe bekommt ein Herz um den Hals.

③ Der Elefant hat schon einen Schwanz aus Zweigen.

④ Denke dir aus, was Simsala der winzigen Maus zaubert.

FS 26 – *oben:* vollständige Analyse-Synthese: Schreiben der Wörter – *unten:* sinnerfassendes Lesen: Bilder den Sätzen durch Numerierung zuordnen – Bilder nach Angabe in den Sätzen weitermalen oder -zeichnen – E

Rate mal

Ich habe Wurzeln, bin aber keine Pflanze.
Ich bin auch in deinem Mund.

Ich lebe im Wald oder auf der Wiese.
Ich habe nur ein Bein und einen Hut.

In den Ferien kannst du in mir schlafen.
Oft ist auch ein Zirkus unter meinem Dach.

Suche hier das passende Wort:
Hahn, Kahn, Zahn, Filz, Pilz, Welt, Zelt

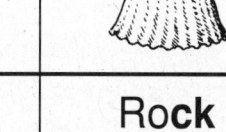

ck

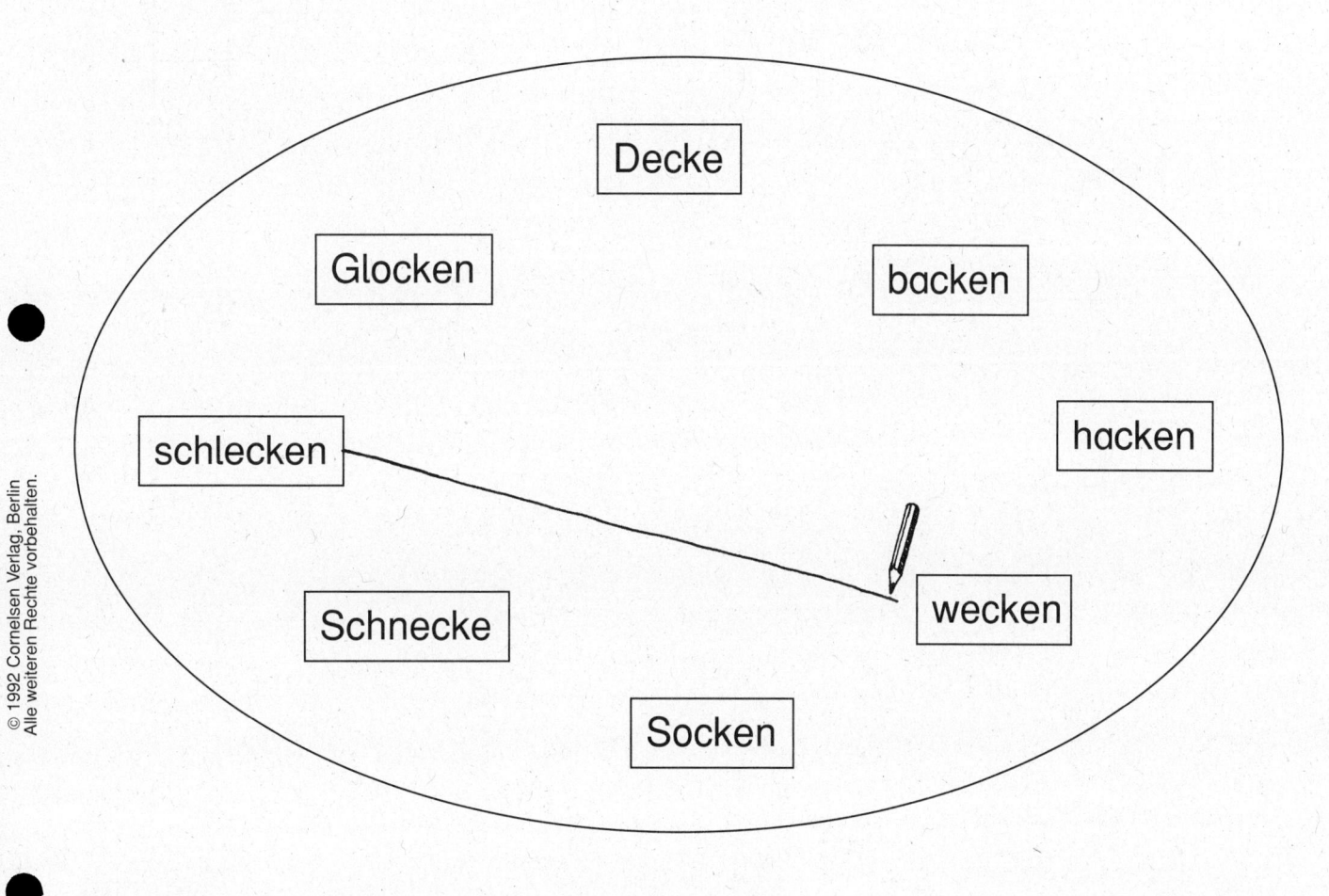

Sa**ck**	Ro**ck**	Glo**ck**e

Decke

Glocken   backen

schlecken   hacken

Schnecke   wecken

Socken

Schreibe das passende Wort zum Bild:

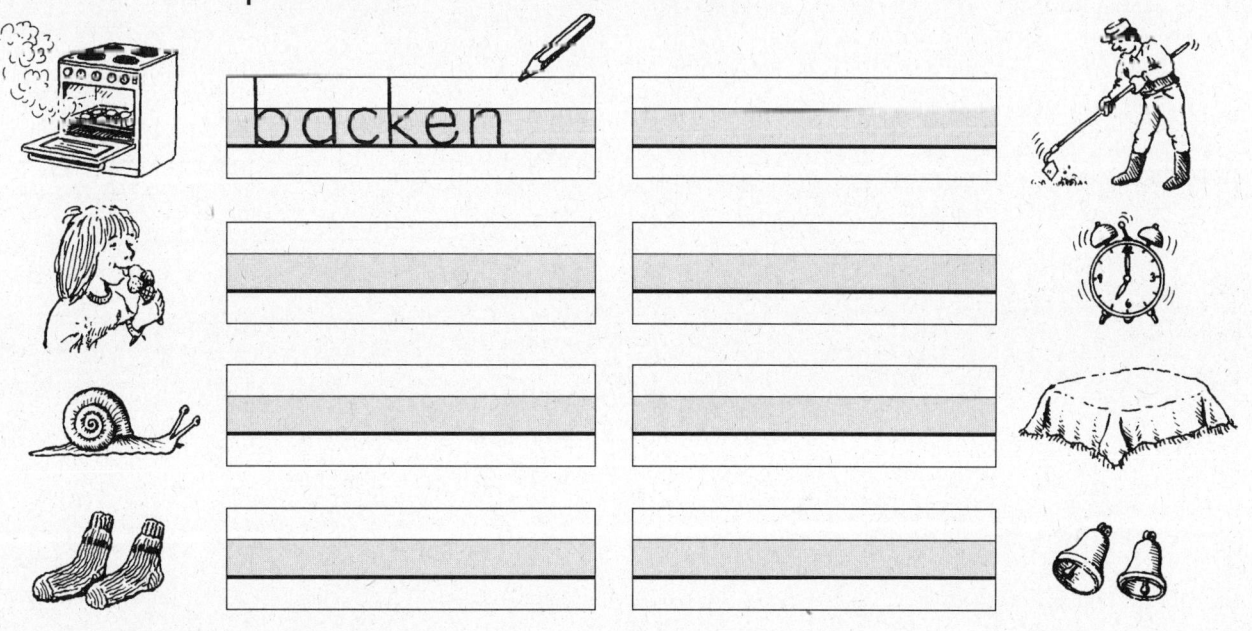

backen

ng

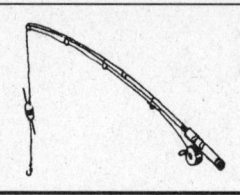

| Ring | Angel | Schlange |

Das ng ist manchmal ein Laut wie in dem Wort Ring ().
Zeichne dann einen Bogen darunter: Ring

Zunge Anfang ungenau Angeber zitronengelb

Schlange Finger klingen Hunger ungerade eng

Eingang Angsthase ungesund Engel Pudding

Die Tobis leben mit fast allen Tieren friedlich zusammen. Auch mit Elfen, Kobolden und Wichteln kommen sie gut aus.

Im Tobi-Wald gibt es aber auch Schlangen, Monster und Geister. Sie machen den Tobis angst. Male solche Wesen.

St st

Stern	Stuhl	Faust

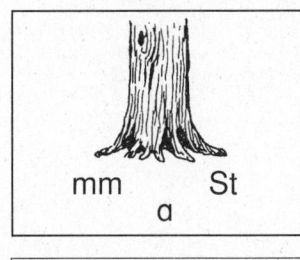

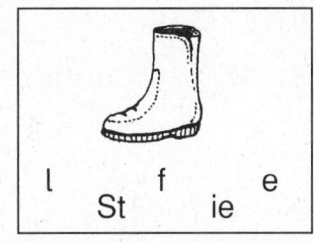

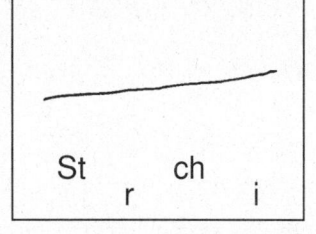

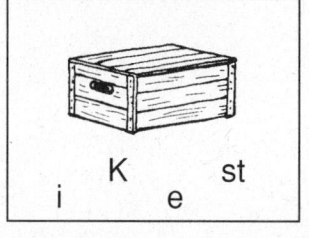

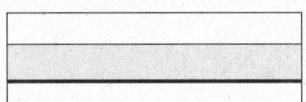

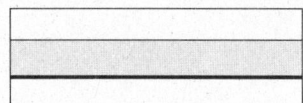

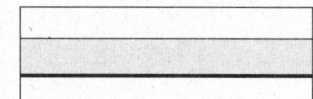

mm a St	l St f ie e	St r ch i	K st i e

Die Tobis feiern ein Stern-Fest.
Sie stellen Stern-Laternen auf.
Diese Sterne strahlen hell in der Nacht.
Alo bindet sich einen Mond um die Stirn.

Opa bastelt einen riesigen Stroh-Stern.
Alle tanzen um Opas Stern und singen.
Was macht Leo denn da?
Was Papa wohl sucht?

Wo klingt das st wie in Stern (☆)? Male einen Bogen darunter.

Stunde stark stolpern streiten Sturm stehen Stock
still Westen Stein pusten aufstellen lustig Winterstiefel
Kasten stolz stinken Baumstamm Faust
Reste Mist Frost Kunst fast Herbst Gast

Wir singen dir den Weg

Zwei Kinder gehen aus dem Zimmer.
Die anderen suchen einen Gegenstand im Raum aus.
(Ein Fenster oder ...)
Den sollen die beiden finden.
Nun werden die zwei Kinder wieder hereingerufen.
Sie suchen den Gegenstand.

Dabei helfen ihnen alle anderen.
Sie singen den ersten Laut des Wortes Fenster.
Sie singen leise, wenn die beiden weit entfernt sind.
Sie singen laut, wenn die beiden nahe am Fenster sind.

chs

| | Fuchs | Dachs | Luchs |

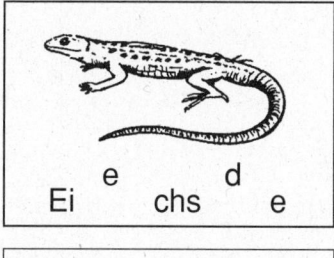

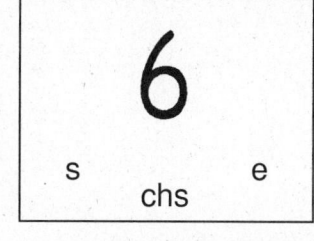

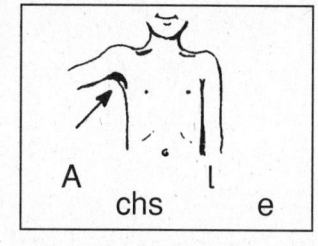

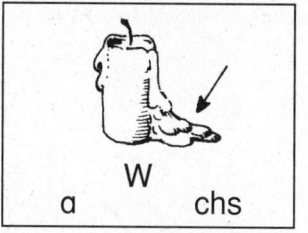

Ei_chs_e · _chs_ · A_chs_e · W_a_chs

6

Opa hat Honigwaben aus dem Wald geholt.
Alo und Ela kneten aus dem Wachs sechs Tiere.
5 Wachs-Tiere stehen schon auf dem Tisch.

Kannst du sie erkennen?
Schreibe ihre Namen.
Das sechste Wachs-Tier sollst du zeichnen.

Igel

Eu eu

Eule | **Eu**ter | T**eu**fel

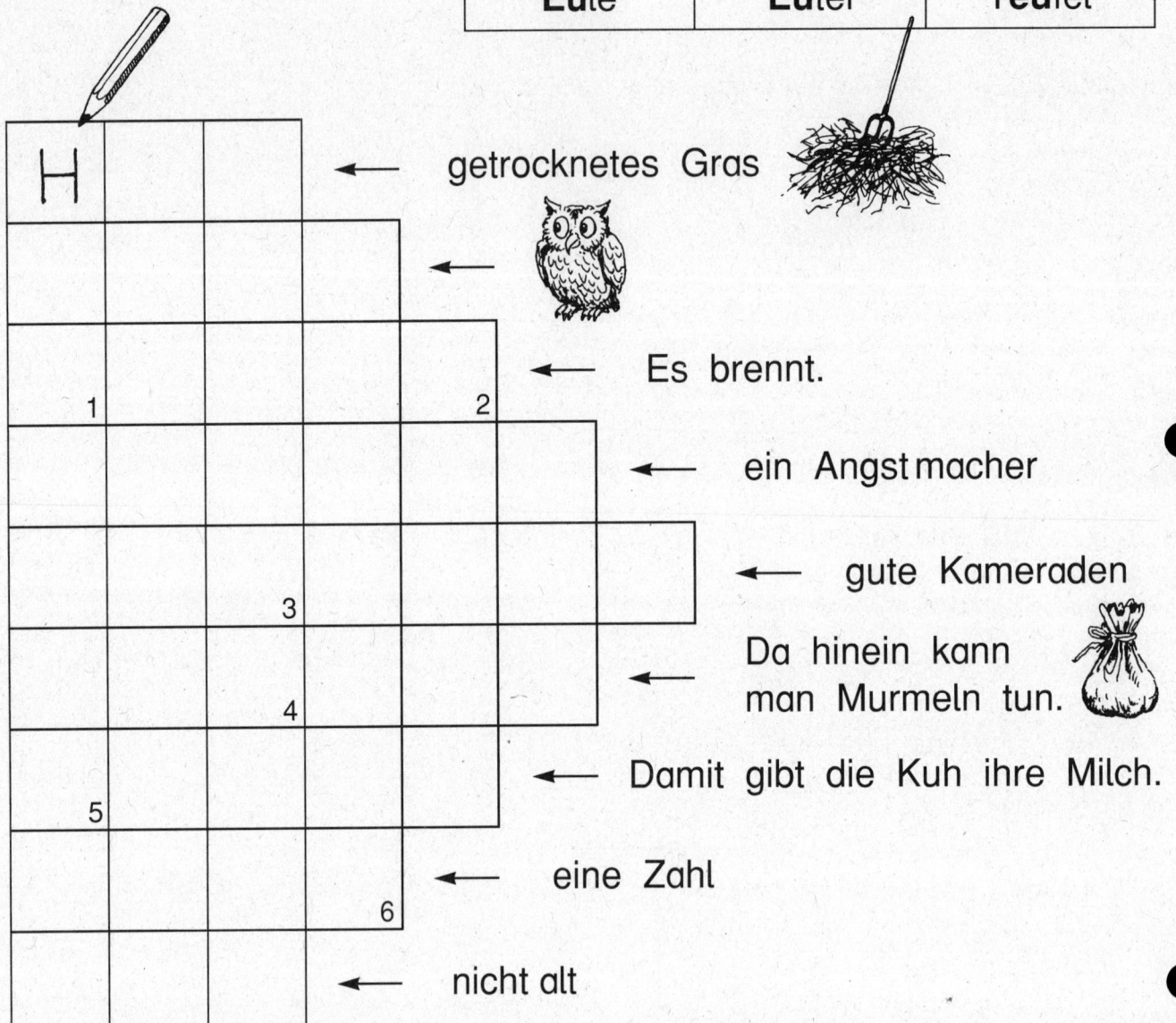

H			← getrocknetes Gras

- ← getrocknetes Gras
- ← (Eule)
- ← Es brennt.
- ← ein Angstmacher
- ← gute Kameraden
- ← Da hinein kann man Murmeln tun.
- ← Damit gibt die Kuh ihre Milch.
- ← eine Zahl
- ← nicht alt

NEU   FEUER   HEU
 NEUN   TEUFEL
EULE   BEUTEL   FREUNDE
 EUTER

Die Buchstaben in den Feldern mit einer Zahl ergeben ein neues Wort. Alles richtig? Du kannst dich ☐☐☐☐☐☐ !
                                                                          1 2 3 4 5 6

Wir basteln einen Wurfsack

Das brauchen wir: 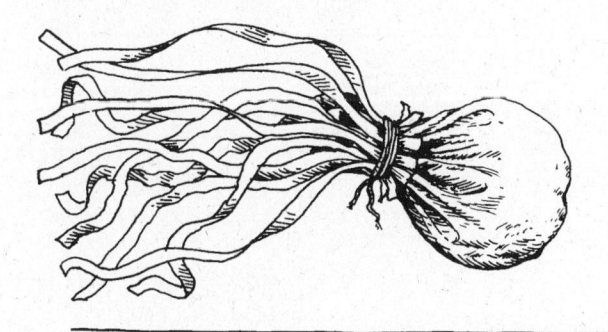
- ein Taschentuch aus Stoff
- Sand oder Reis
- Bindfaden und Schere
- Kreppapier

1 Auf das Tuch kommt ein kleiner Haufen Sand oder Reis.

2 Klappe die Enden des Tuchs nach oben. Ein Beutel entsteht.

3 Binde den Beutel mit einem Faden fest zu. Lasse dir dabei helfen, wenn du es nicht alleine schaffst.

4 Schneide schmale Streifen aus dem Kreppapier.

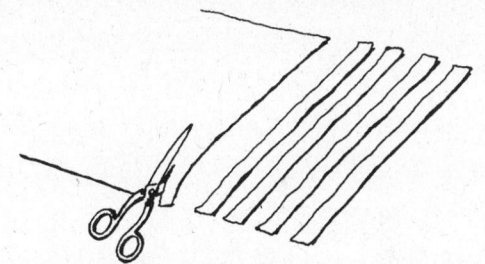

5 Binde die Streifen mit einem zweiten Faden am Beutel fest.

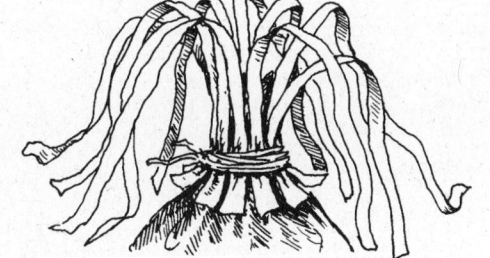

Bildet einen Kreis. Ein Kind hat den Beutel. Es stellt eine Frage. Den Beutel bekommt das Kind zugeworfen, das antworten soll.

tz

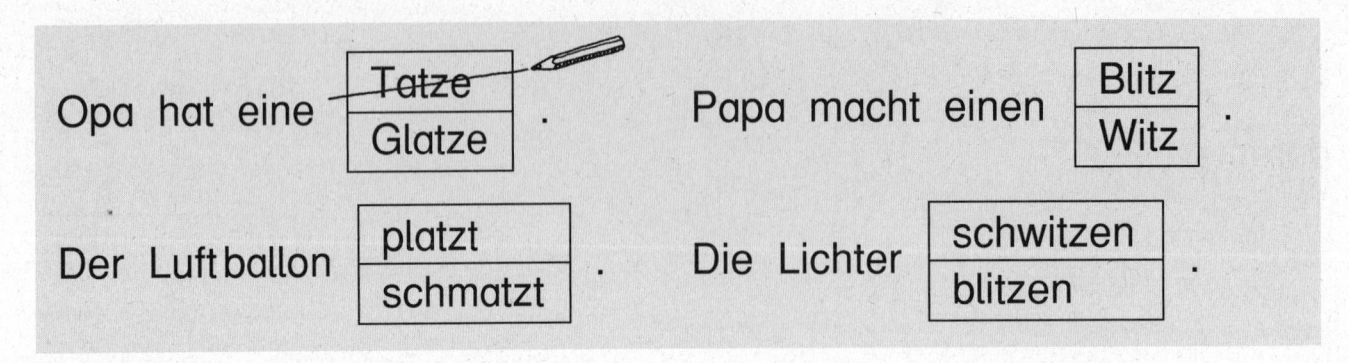

| Netz | Katze | Blitz |

Opa hat eine ~~Tatze~~ / Glatze .   Papa macht einen Blitz / Witz .

Der Luftballon platzt / schmatzt .   Die Lichter schwitzen / blitzen .

Ole flitzt unter den Baum.
Laut bellt er ihn an.
Was ist mit Ole los?
Eine Katze sitzt auf einem
Ast. Sie faucht. Schnell
klettert Ela auf den Baum.

Sie will die Katze holen.
Doch die Katze wehrt sich.
Sie kratzt Ela.
Aber nun erwischt Ela sie.
Wird Ela die Katze behalten?
Ob diese Katze zahm wird?

Sp sp

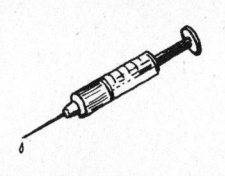

| Spinne | Spritze | Wespe |

Wenn das sp wie in Spinne ( ) klingt, setze einen Bogen darunter.

Specht Spalte Spiegel spielen Speise

spazieren Spatz Spur sprechen

Kasper Wespe anspitzen Brettspiel Knospe

Handspiegel lispeln knusprig Auspuff spitz sportlich

Kasperle und die Wespe

Kasperle sitzt am Tisch.
Er freut sich auf das Essen.
Es gibt seine Lieblingsspeise:
geraspelten Apfel mit Spinat.
Gerade will er anfangen, als
sich eine Wespe auf seinen
Teller setzt.
Er zieht einen Stiefel aus und
haut damit nach der Wespe.
Der Spinat spritzt nach allen
Seiten. Die Wespe aber sitzt
auf Kasperles Nase.

Da haut er mit der Faust zu.
Au!
Die Nase tut weh, und die
Wespe hat ihn in die Hand
gestochen.

Ö ö

Öfen	Öl	Löwe

Zweimal 🎲 🎲

1	Die Luft ist schlecht. Wir ☐ das Fenster.
2	Das Rad dreht sich nicht gut. Du solltest es ☐ .
3	Sei bitte etwas leiser. Ich möchte das Lied ☐ .
4	Das ist zu schwer. Ich kann den Knoten nicht ☐ .
5	Leg die Kartoffeln in das Feuer. Wir wollen sie ☐ .
6	Die Fliege will auch leben. Du solltest sie nicht ☐ .

1 öffnen	2 ölen	3 hören	4 lösen	5 rösten	6 töten

ein / eine — zwei

Ofen — Öfen

Topf

Korb

Zopf

Brot

Kopf

ein / eine — zwei

Möwen (Möwe)

(Korn)

(Wolf)

(Flöte)

(Rock)

(Horn)

68 FS 30 – *oben:* Lese-Würfelspiel: Der erste Wurf gibt die Nummer des Satzes an, der zweite die Nummer des Verbs. Die Sätze sollen vorgelesen werden. – *unten:* Mehrzahlwörter schreiben – DIFF – E/P

J j

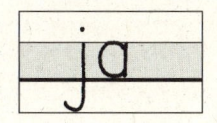

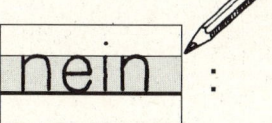

Schreibe **ja** oder **nein**:

1. Bist du jetzt in der Schule?
2. Magst du Joghurt mit Senf?
3. Hattest du in diesem Jahr schon Geburtstag?
4. Hast du eine gelbe Jacke?
5. Magst du Johannisbeeren?
6. Kannst du Judo?
7. Hat jeder Junge blaue Hosen an?
8. Angelt ein Tobi im Monat Januar?
9. Kochen die Tobis im Juni Marmelade?
10. Fahren die Tobis im Monat Juli Schlitten?

Ü ü

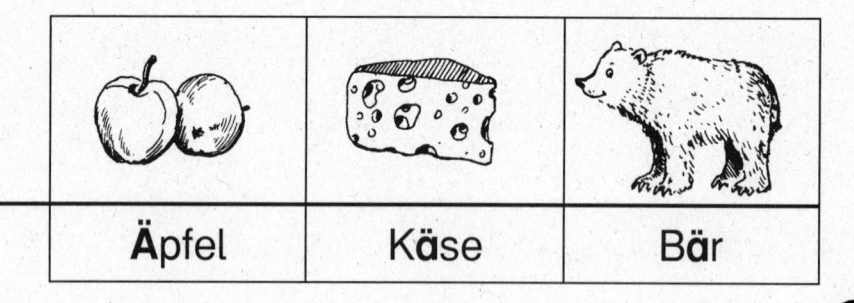

Tür	**Mütze**	**Füller**

Aus eins mach zwei:

Stühle — Buch

Huhn — Hut

Tuch — Krug

Ä ä

Äpfel	K**ä**se	B**ä**r

Aus eins mach zwei:

Hand — Bank

Ball — Glas

Schrank — Dach

Frosch	Frösche
Frösche	

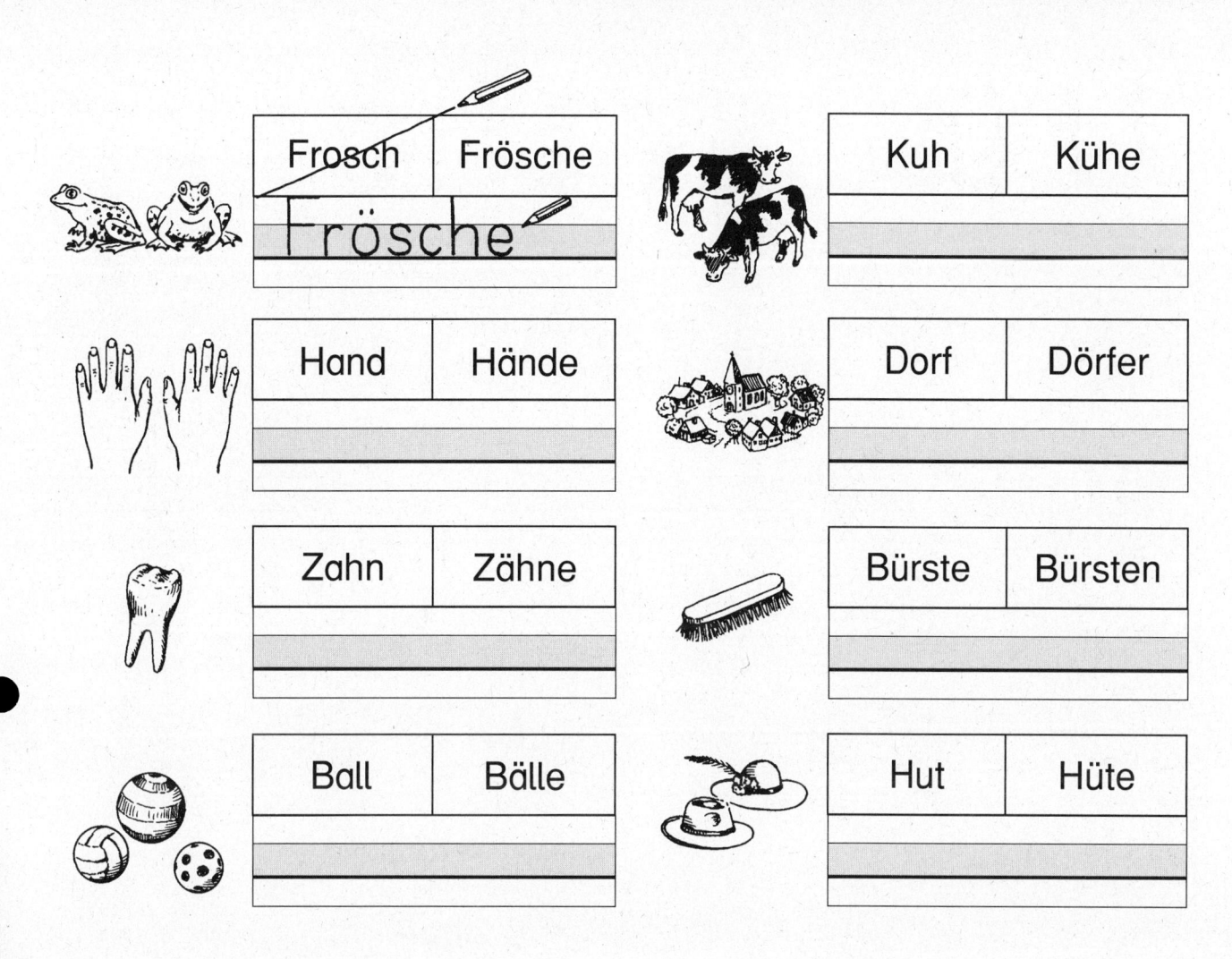

Kuh	Kühe

Hand	Hände

Dorf	Dörfer

Zahn	Zähne

Bürste	Bürsten

Ball	Bälle

Hut	Hüte

Setze immer eines der Wörter ein.

Es dürfen auch lustige Sätze entstehen.

1) Papa will den Rasen _____ .

nähen
mähen
bügeln

2) Der Löwe ist _____ .

grün
höflich
gefährlich

3) Mich hat eine _____ gestochen.

Krähe
Mücke
Rübe

4) Die Maulwürfe _____ in der Erde.

häkeln
glühen
wühlen

Äu äu

| Häuser | Säule | Bäume |

ein / eine   zwei   ein / eine   zwei

Strauch Sträucher

Traum

Laus

Räuber

Läufer

Baum

Faust

Maus

Säule

Haus

Schöne Träume | Böse Träume

Qu qu

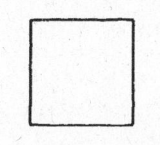		
Quadrat	**Qu**alle	**Qu**irl

Wer	tut was?
Zigarren ~~Quallen~~ Frösche Ferkel	quaken qualmen ~~schwimmen~~ quieken

Schreibe Sätze mit Sinn:

Quallen schwimmen.

Findest du alle Wörter in dem Kasten? Male sie nach.

1. Quadrat
2. Quark
3. Quelle
4. Qualle
5. Qualm
6. Quiz
7. Quirl
8. Quatsch

```
Q P Q U A D R A T Q
U K A T B Q S N C U
I E Q M Q U A R K A
Z Q U E L L E P U T
O W I Q U A L L E S
Q U R V I N Q U I C
A S L H Q U A L M H
```

FS 36/37 – *oben:* aus den angegebenen Bestandteilen Sätze bilden und schreiben – *unten:* optische Identifizierung: die angegebenen Wörter im Kasten suchen und nachschreiben – DIFF – E/P

V v

Schreibe alle **V** und **v**, die wie F klingen, blau nach.
Schreibe alle **V** und **v**, die wie W klingen, rot nach.

viele	Vanille	Video	voll	von
verboten	Vorsicht	Vormittag		
Vers	Ventil	Pulver	Veilchen	

① vier
② Vogel
③ Vase
④ Vater

① Vampir
② Vulkan
③ Kurve
④ Verkehr

ß

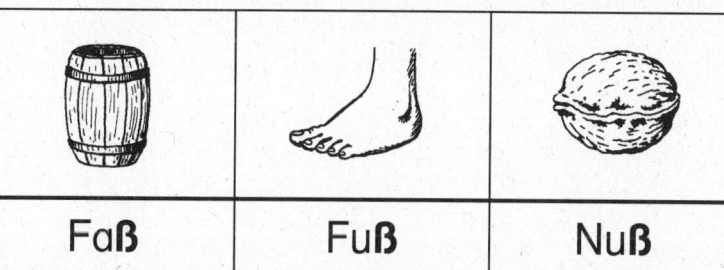

Faß	Fuß	Nuß

Was reimt sich womit?

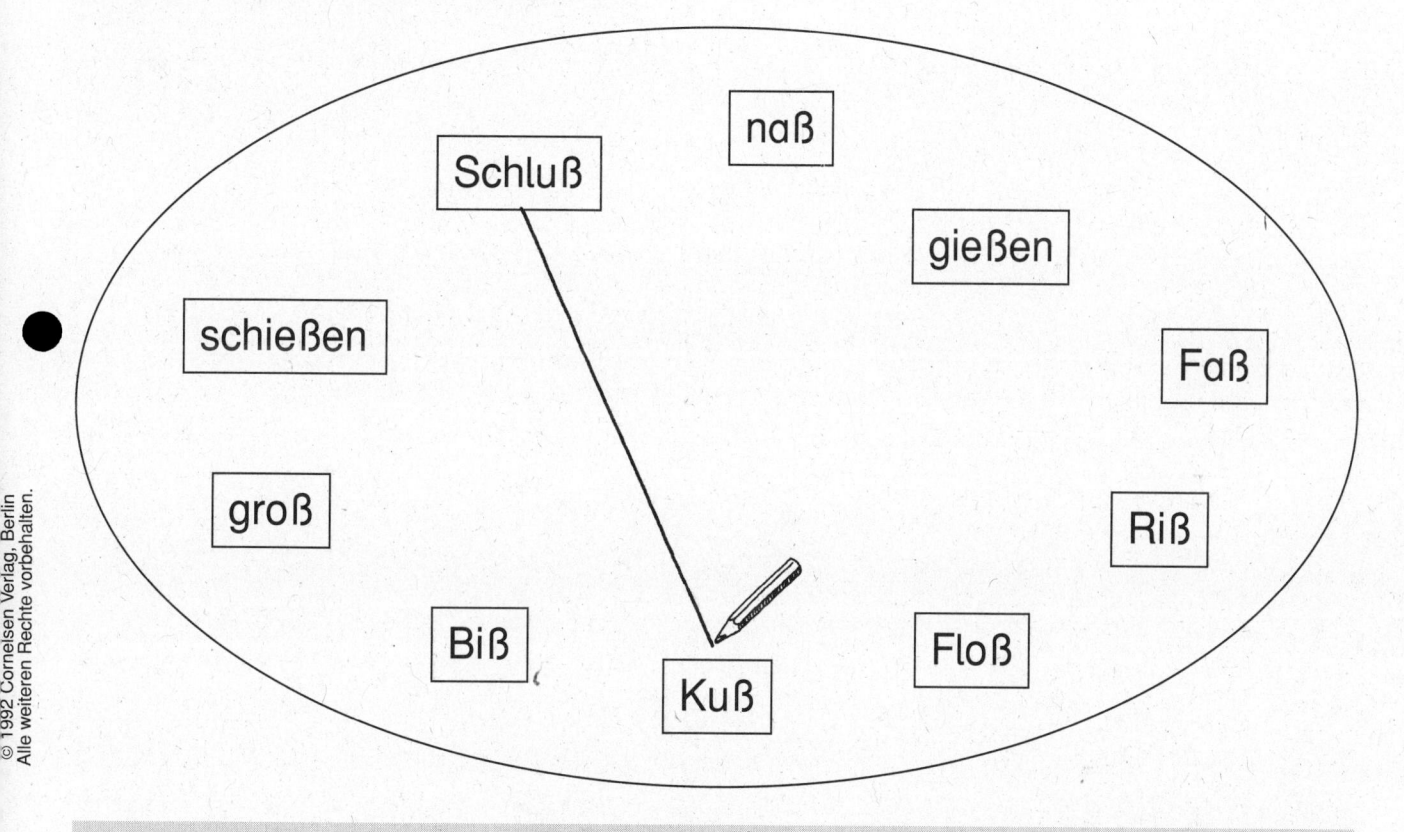

- naß
- Schluß
- gießen
- schießen
- Faß
- groß
- Riß
- Biß
- Floß
- Kuß

Glaubst du, ...

... daß es die Tobis wirklich gibt?

... daß ein Blauwal so lang werden kann wie drei Schulbusse?

... daß ein Elefant oft soviel wiegt wie vier Schulklassen?

... daß von allen Landtieren die Fledermaus am besten hört?

... daß ein Hecht so groß werden kann wie du?

... daß das giftigste Tier eine Froschart ist?

... daß die Erde zum größten Teil von Meeren bedeckt ist?

... daß es in Österreich einen Ort gibt, der Christkindl heißt?

Sieben Fragen kannst du mit „ja" beantworten.

Beeren

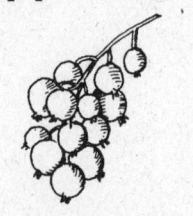

Stachel beere   Him beere   Johannis beeren   Brom beere

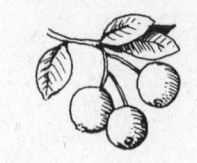

Erd beere   Blau beeren   Preisel beeren

Male die Beeren mit den richtigen Farben aus.

Das kann man mit Beeren machen:

| Kuchen |  Kompott | Eis | | |

Das leckerste Erd beer eis

Das brauchst du:
eine kleine Schale Erd beeren,
einen halben Becher Sahne,
3 gehäufte Eß löffel Puder zucker

1. Wasche die Erd beeren und pflücke die Stiele ab. Drücke dann die Beeren durch ein feines Sieb.
2. Vermische die Sahne und den Puder zucker mit der Erd beer masse.
3. Fülle die Masse in eine Schale und stelle diese in das Gefrier fach.

Nach zwei Stunden kannst du das Eis genießen.

X x

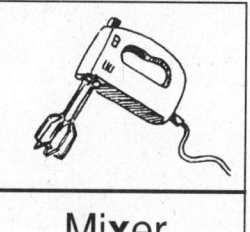

| Taxi | He**x**e | Mi**x**er |

Die kleine Hexe Lillifee
eilt in die Hexenküche,
bereitet einen Hexenbrei,
spricht dazu Hexensprüche.

● *Hexenwasser, Feuersglut! Koche Süppchen! Gut, gut, gut.*

Ein Hasenfell, ein Hühnerei,
die wandern in den Topf.
Dazu ein großer Löffel Schmalz
und auch ein Fische-Kopf.

● *Stinkefisch und Hasenfell! Koche Süppchen! Schnell, schnell, schnell!*

Der Mixer ist ein Besenstiel.
Sie rührt damit den Brei.
Der Rabe Max, die Katze Nix,
die eilen schnell herbei.

Rabe Max und Katze Nix, kommt zum Essen, fix, fix, fix!

C c

Comic

Im Zirkus Carlino wurde einer Dame ein Diamantring gestohlen. Kommissar Cornelius verhört alle verdächtigen Personen:

Clown Claudio ist aufgefallen, weil er eine blaue und keine rote Nase hat.

Carmen Caruso ist die Tänzerin mit den lila Lippen. Sie liebt Schmuck über alles.

Der Messerwerfer mit der roten Nelke heißt Graf Dracula. Er spielt immer den Bösewicht.

Ben Benson hat einen Ring im Ohr. Aber hat er auch den Diamantring?

Kommissar Cornelius findet keine Spur. Der Affe Coco begleitet ihn hinaus.

Vor dem Zelt bleibt Cornelius plötzlich stehen. Was hat er entdeckt?

Y y

Yoghurt	Pyramide	Pony

Das y kann klingen wie: | J j | | Ü ü | | I i |

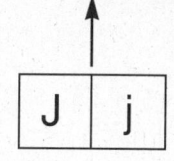

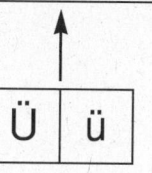

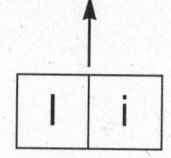

Lies die folgenden Wörter. Wie klingt das Y oder y?

Wenn es wie j klingt, schreibe es rot nach.

Wenn es wie ü klingt, schreibe es blau nach.

Wenn es wie i klingt, schreibe es gelb nach.

① **Gymnastik** ④ **Yacht**

② **Hyazinthe** ⑤ **Teddy**

③ **Baby** ⑥ **Pyramide**

Ein Kalender-Gedicht

Im Januar gibt es Eis und Schnee.

Zum Fasching ich im Februar geh'.

Dem letzten Schneemann tropft im März die Nase,

und im April erscheint der Osterhase.

Auf Käferjagd gehn wir im Mai.

Im Juni gibt's schon manchmal Hitzefrei.

Zum Baden geht im Juli gerne jedes Kind,

auch im August, weil dann die großen Ferien sind.

Die Äpfel hol'n wir im September von den Bäumen.

Ob Drachen im Oktober wohl vom Fliegen träumen?

Naßkalt und grau zeigt oft sich der November.

Das Weihnachtsfest bringt endlich der Dezember.

80　Gedicht lesen und vortragen – Kleben der passenden Bildchen von der Klebebildseite zu den Monaten – E/P/K

✂ **Ausschneidebogen 1**

zu Seite 3

| L | e | o | O | l | e |

| E | l | a | A | l | o |

zu Seite 4

| L | O | l | o | e | e |

zu Seite 10

| O | M | L | P | a | a |
| p | p | m | e | o | l |

zu Seite 13 ✂ Ausschneidebogen 2

P	p	p	L	l	l
a	a	m	e	O	o

zu Seite 20

M	m	P	T	t	a
a	i	N	O	l	n
e	nn	pp	tt	ee	ll
E	L	p	e		

© 1992 Cornelsen Verlag, Berlin
Alle weiteren Rechte vorbehalten.

zu Seite 23 ✂ Ausschneidebogen 3

Tante	See	Enten
Mantel	Tinte	Tee

im	am	im	mit

zu Seite 25

M	A	R	W	T	O
S	a	a	e	e	e
e	i	o	o	ee	l
ll	m	n	nn	P	r
r	r	s	t	tt	w

© 1992 Cornelsen Verlag, Berlin
Alle weiteren Rechte vorbehalten.

39

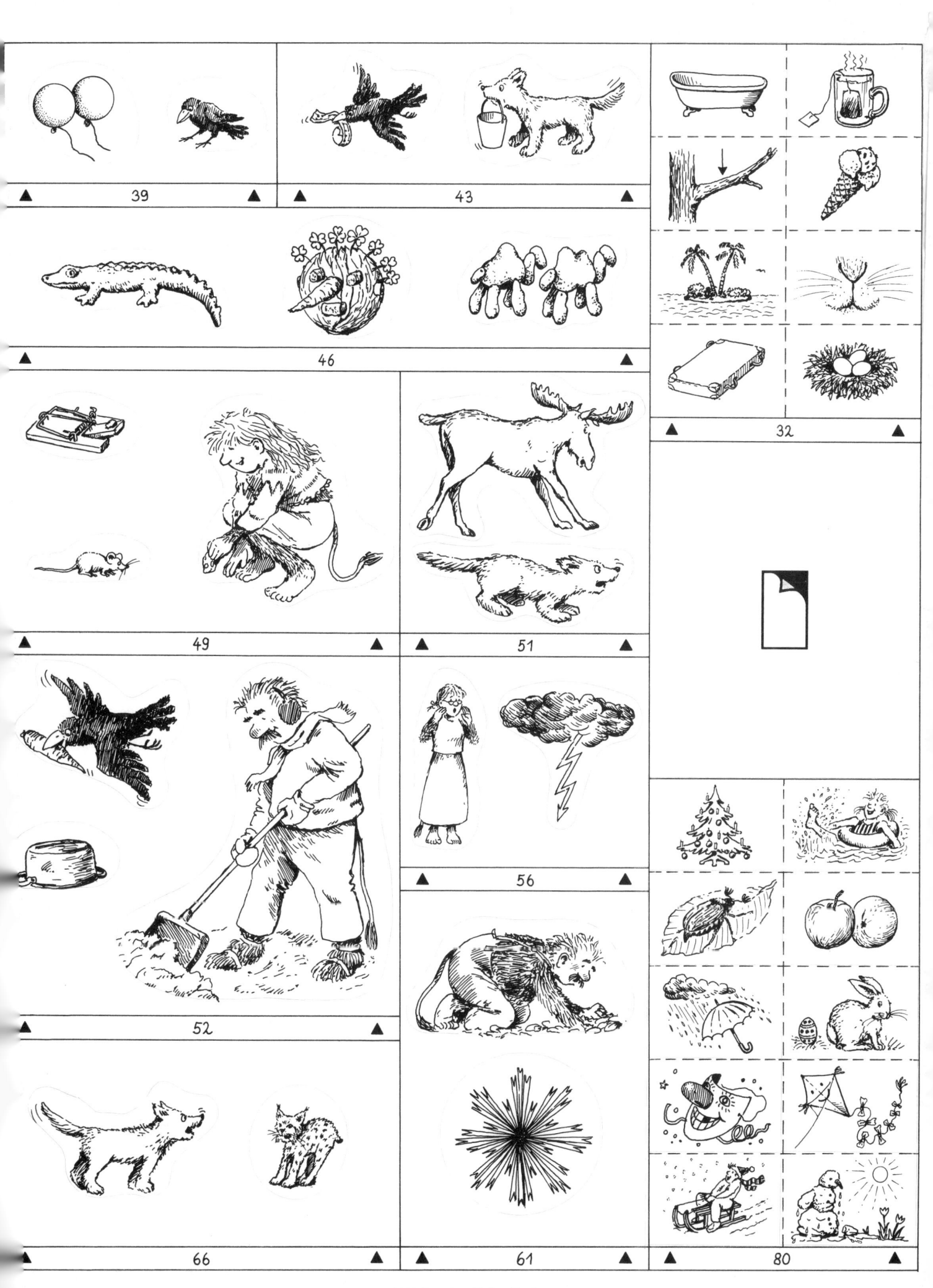

43

46

49

51

32

52

56

66

61

80

© 1992 Cornelsen Verlag, Berlin
Alle weiteren Rechte vorbehalten.